JN096694

ドキュメンタリー叢書
#01

ジョナス・メカス論集

Jonas MEKAS

映像詩人の全貌

編＝若林 良・吉田悠樹彦・金子 遊

neoneo 編集室

ジョナス・メカス論

作品解説＋著書解題

コメンタリー

幸せな人生からの拾遺集

Outtakes from the Life of a Happy Man

ジョナス・メカス
訳 井戸沼紀美

『幸せな人生からの拾遺集』について
ジョナス・メカス

一九六〇年代・一九七〇年代頃から、一五歳の少女がわたしに送って来た手紙を元にして映画を作りたいと思っていました。その少女、ダイアンが彼女自身や、彼女の暮らしについて書いた手紙は〝書簡日記〟でした。実際にはいままで、それを映画化することはありませんでしたが、今回この作品（『幸せな人生からの拾遺集』）を編集している時、彼女の手紙からいくつかの抜粋を保管していた事、そればかりか、〝撮らなかった映画〟と題した脚本があった事までも思い出しました。そう、この映画のすべてのテキストは彼女の手紙から引き出されています。

（引用元：15min.lt）

以下、コメンタリー中の表記について、作中の語りを明朝、作中映像に表記されたテキストをゴシック、作中「Diaries」の表記を太ゴシック、作中メカスが表記したものではないが画面に写り込んだ文字を明朝斜体とした。また訳中の「……」は音声の間を示すものとする。

1
彼は木の下に座り　公園で
風に揺れる葉に耳を澄ましている――

2
日記

3
「真実のリズム」を撮る

4
夜更けごろ
夜が更けるころ
街は眠っている
誰もが皆　眠っている

映画を作る者たちだけが　眠らず
深く更けゆく夜に働く
そう　皆眠っている

そして大気が
日々のせわしさから逃れ　澄みわたり

その時女神(ミューズ)たちが　女神(ミューズ)たちだけが
女神ミューズたちだけが……

いつでもそんな夜
そんな夜　フィルムを編集する

5
ダイアン「今日行ったどの場所でも
わたしは美しい人たちを探しました」

6
他の誰もが眠っている
けれどわたしはここに
わたしのフィルムと共に
まぎれもないイメージである　このフィルムと

目的を持たない　イメージたち
目的を持たず
わたしの為だけに
わたしと少しの友人にのみ向けられた
単なるイメージ
ただのイメージたち

絶えず通り過ぎてゆく
イメージたち

この世界の　いくつかの断片
他の誰かの世界とも
そう違ったものではない
わたしの世界の

そう　夜遅く
この夜更けに
他のいくつもの夜のように
映画を作る者
更けゆく夜に働く
映画作家（フィルムメーカー）の孤独よ
他の皆や街は眠る
そう街までも　眠っている

7
「そうだなあ」わたしは言った
「わたしたちは今
わたしたちが始まった
ちょうどその場所にいて
わたしは前からずっと
この場所のことを知っていた気がする」——

「まさにその通り」連れは言った
「わたしたちはずっとここに居たし
そして居なかった
同じ場所を
けれども違ったレベルで旅している」——

8
ニューヨークの通りを歩いていると
幼いころの野イチゴの匂いがした——

9
バルト海を越えて

10
「そして今モヤがその地を覆う」——

11
「わたしは夕べ座って
街の夜を観ていました

するとある種の虚しさが
わたしを襲ったのです」

12

「わたしは本当に長い間
まるっきりひとりぼっちでした」——

13

万聖節のパン（セインツブレッド）をくわえ
走り去りった犬が言った
自然界と同じくらい
超自然もその身から振り払わなければ…——

14

「わたしはただ
あなたを想っていると言いたいのです——
いつもではないけれど
それでもかなり頻繁に——」

15

「わたしはまだ　祈り方を知りません
どうやって祈るのかを知らないのです
あえて祈ろうともしません
いまだ恐れているのです
祈るに十分な祝福すら
まだ授かっていないのです」——

16

子供たちがバスで話している
「放課後セントラルパークに行こう
前にロブスターを見たんだ
小川があって
多分誰かが放していったんだけど
片方のハサミがなかった」

17

スズキ弦楽学校一九八〇年　春

18

…の編集者たち
彼らは汚れなく　親切で　良い人たちに見える
しかしグレゴリーの映画に
ファシストまがいの評を書いた——

19
シャリアピン夫人　カシスにて
「俳優たちは神聖であるから
人は彼らに忍耐を持って接しなければならない」

20
「記憶ですか？」彼らは言う
わたしのイメージたちは記憶だと
違う違う　そうではない！
君の見ているすべては現実だ
どのイメージも　どんなに些細なことも
すべて現実だ
現実であり
記憶の中のものではない
もうわたしの記憶とは関係がない
記憶は去ってしまった
けれどイメージたちはここに
彼らは本物だ
君の見るもの
君がここで見る一瞬一瞬が
現実だ
それが現実だ……
君の正面　君が見ている
それが現実なんだ
そこに
君の目の前に
そう　スクリーンに映る
その全てが現実なんだ

21
日記

22
記憶になんてかまうものか
記憶のことなど気にしない
けれど自分の目で見たり
キャメラで記録したものが好きだ
そして今そこで蘇っている
その全てが現実なんだ
些細な事までもすべて
一秒一秒
ひとコマひとコマが
現実で

わたしはそれが好きだ
わたしの見ているものが好きだ
他の何故（なにゆえ）にこれを君に
見せ　分かち合おうというのだろう
このイメージを
イメージたちの現実性（リアリティー）を

23
エルドリッジ通りのアンネを訪ねた――
次の日　ケイトが自殺を図った――

24
戦争でなく愛を

25
ベートーヴェンは
音楽は彼自身のための表現であり
教会や　他の何の目的のためでもないと言った

26
この虚しさは
突然わたしを襲う

この虚しい気持ちは何だ？
一九六六年四月二二日

27
…わたしはグレゴリーについて考えた
彼がどのように夢を追いかけているか
どんな粘り強さをもって
健康や　友さえも犠牲にしながら
イメージの夢を追っているのか――…

28
ダイアン
「…はねつけられ　わたしは
街の車や顔
そしてすべての悲しみから逃げました
わたしは探し　見つけたのです
街で最も静かでひっそりとした
誰も来た事のない場所を…
そして考えました
わたしが何者で　何を見　どこにいるのか
自分のために何をするのか

それらはまるっきり
わたしにかかっているのだと…」

29
…りんごを見ていた
わが友レオ、
ヴァレリー、リルケの事を思った…

30
雪合戦
ウィスコンシン州　マディソン
一九七三年一二月二〇日

31
——コーヒーとひどい食べ方で胃に痛みが——

32
ダイアン
「今日わたしは
今までに書かれたすべての本
叡智や詩人たちについて
静かに考えてみました
彼らの精神を部屋で感じたのです
わたしはおそるおそる
表紙に触れてみました——」

33
ああ、冬よ！

34
ダイアン
「一五歳の理想主義は
大人からすれば馬鹿げているのでしょう」

35
『人類の問題』アリス・A・ベイリー
『十字架のヨハネ全集』

36
「この光と悲しみの街で　救済や真実
究極の答えを探すのは誰でしょう
夜も眠らずこの街や夜
悲しみや自分自身について
考える人はいるのでしょうか——？」

37

イメージたち　イメージたちよ

既に
ずっと昔から始まっていたのだろう
ベッドで　父の隣に腰かけたとき
おそらくわたしは5歳くらいだった
たしか5歳くらい

わたしは父に聞かせた
歌うようにして話した
それをあまりに鮮明に
まるで今日のことのように覚えている

話し聞かせ　歌っていたのだ
その日に何が起きたのか
みんなと何をし
野原でどう遊んだのか
水車小屋に行ったこと
一日のどんな些細なことまで
わたしは父に歌った

ちょうどこんな熱量と
没頭具合でもって

その日のうちにあったこと
かけがえのないディティールまでを
夢中で父に話していた
それを鮮明に覚えている

そしてわたしにはわかる
今していることや
今までにしてきたことのすべては
見たり歌ったりしたあの時のような
熱や　現実との親密さを
取り戻す為なのだと

そして今　君の真向かいにそれがある
ほら
そこに
一日のうちの
どんなに小さな
どれだけ細やかなことまでもが

幸福だ　幸せなのだ
そのそばに寄り添うことが出来る時
わたしが見　記録し　歌う
するとすべては
すべてはそこにある
目を向けると
そこにあること
それが幸せなのだ

わたしがしたこと
なんとか捉えようとした
いくらかの美しさや
いくらかの幸せ
いくらかの美しさ
それが捉えたい全てなんだ

身の周りの　いくらかの美しさが
毎日　日ごとのありふれた
美しさが

それがそこにある

38
一月九日
イメージはなく
ルイスのサウンドトラックと嵐だけが
神秘について議論している

39
ずっとずっと　五歳の年から
今でもなお努めている
五歳のあの頃のようにあろうと
汚れなき
あの頃のように

そう　ここでも
何十年も経った今も
同じ事をしようとしている
またしても夜更けに
夜　深く更けゆく夜
あの頃のように　夜遅くに

何十年も前
五歳で

ベッドの
父の隣に腰かけ
ただ歌い　歌い　歌いつづける
歌うのだ……

40
八月一〇日　薄明の際よりもむごく

41
枯れた花々の乾燥した花弁は
内に秘めた治癒力を持つ――
万物は　1度でも命や太陽に触れたなら
死を超える力を吹きこまれる――

42
ダイアンは表紙にブッダのいる
インドについての本を持ち歩いている
彼女は言う
「ブッダが生きていた頃からの
蓮華の押し花があるんです」――

43
ヴェネシャンブラインドが
風に鳴る――眠れない――

44
レオが両手を見つめている
「彼はもうヴァイオリンを弾くことが出来ない
何故レオがそうしたのかも知らず
わたしたちも皆　自らの手をみつめる
彼はわたしたちに
何故そうしたのかを言わなかったが
後からわたしに話してくれた
そう 戦争などなかったんだ！」

45
ビニールがあなたにしがみつく
まるで愛しているかのように

46
外に出かけ　太陽を見ると
あなたは家に引き返す
もう働くことができない
光に浸されてしまったのだ――

47
「わたしは考えていました：
わたしが何を見　どこにいて
心のために何をするかは
まるっきりわたしにかかっているのだと」――

48
P・アダムス・シトニー
「君は今までいくつ
生きている詩人を読んだ？」

49
夜更けごろ
夜が更けるころ
街は眠っている
誰もが皆　眠っている
映画を作る者だけが　眠らず
深く更けゆく夜に働く
そう誰も皆　眠っている

大気は日々の
あらゆる忙しさから逃れ　澄みわたり
女神（ミューズ）たち　女神（ミューズ）たちだけが
その時　女神（ミューズ）たちだけが……

50
今や夜が明けようとしている――
彼女は窓を見 ハトの羽ばたきを聴く――

51
そんな夜はいつも

他の皆は眠っている
けれどわたしはここに
わたしのフィルムと共に
まぎれもないイメージである　このフィルムと

目的のない　イメージたち
目的がなく
わたしのためだけの
わたしと少しの友人にのみ向けられた
単なるイメージ
ただのイメージたち
絶えず通り過ぎてゆく

まぎれもないイメージ

52
幼少期　裸足で歩いていた頃の
足元の大地の匂いや感触を
彼は覚えている——
それがよみがえり続けるのだ——

53
問題はどうやって
この備えある　オープンな状態を保ちながら
日々の仕事に取り組むかということだ——

54
この世界の　いくつかの断片
他の誰かの世界とも
そう違ったものではない
わたしの世界の

そう　この夜更けに
この夜中に
他のいくつもの夜のように

映画をつくる者
更けゆく夜に働く
映画作家（フィルムメーカー）の孤独よ
他の皆や　街が眠るころ
街までが眠るころ……

55
ダイアン
「セントラルパークの土を足で感じるといつでも
突然とても気持ち良くなります
大地は真の友であり　良薬で
力であり　自由なのです」——

合唱曲
クレムスミュンスター修道院
一九七四年　わたしの結婚式で

ピアノ
アウグスト・ヴァルカリス

編集アシスタント
エル・バーチル

ジョナス・メカス、魂の波動、根源の歌

吉増剛造
×
井上春生

聞き手・構成：菊井崇史

映画『眩暈 Vertigo』のはじまり、ジョナス・メカスとの出会い

吉増　メカスさんが亡くなって一周忌にあたります今年一月二十三日から、井上春生監督と非常に優れた少数精鋭のスタッフとともに、映画『眩暈 Vertigo』の撮影のためにニューヨークに参りました。コロナウィルスの大きな問題が起きる寸前のニューヨークでした。かなりハードな日程だったのでしたが、まだメカスさんの魂の波動が残っているニューヨークで井上監督は、映画をつくる時の空気がどういうふうに出てくるかを捉えようとなさいました。そこでメカスさんが住んでいらっしゃったブルックリンの大きなアパートのお部屋におうかがいしました。そこにはまだメカスさんが亡くなった時の様子、ほとんどその空気が残っていたのです。もともとメカスさんは、ダウンタウンのロフトに住んでらっしゃって、ぼくも度々お訪ねしていたのですが、そこから移られたブルックリンで晩年を過ごされていたのです。そのお部屋は、もうすぐに引っ越してメカスさんが持っていらっしゃったものも移される寸前でしたが、まだ香りと空気が残っていたんですね。メカスさんの忘れ形見には、ウーナとセバスチャンの二人がいるのですが、一番大事な自分の魂を磨き上げたようなセバスチャンが、そのお部屋で待っていてくれました。彼は中国の考

古学を勉強していて、日本にも来たことがあり、ギャラリー「ときの忘れもの」での「ジョナス・メカス新作写真展」にもいらっしゃっていました。

わたくしとメカスさんとの出会いの時は一九八五年です。メカスさんの親友でもあるアレン・ギンズバーグさん達が企画してニューヨークでひらかれた日本の詩の大きなフェスティバルに、谷川俊太郎さん、白石かずこさん、高橋睦郎さん、長谷川龍生さん、サカキナナオさん、そしてわたくしが呼ばれました。その時、以前からメカスさんの活動を支えておられて、ラディカルな活動家でもあった木下哲夫さんが一緒に来てくださっていたのですが、ちょうどカーネギーホールの地下でメカスさんの試写会があるからと木下さんにおさそいいただいて、そこでメカスさんとの最初の出会いがありました。

井上　わたしもまずはメカスさんとの出会いからお話しいたします。映画『幻を見るひと』が完成して、吉増剛造さんと一緒に映画をつくりましたというご報告とともにＤＶＤを事前にメカスさんにお送りしていました。その後『幻を見るひと』（国際映画祭十冠）がニューヨークの映画祭でキャスティングされて上映が決まり、二〇一八年にニューヨークに行ったのですが、滞在中、メカスさんがシナゴーグ（ユダヤ教の会堂）で講演会をするという情報を見つけてうかがったんです。新しい本の出版記念の講演会でしたが、ホールに一〇〇人くらい集まっていて、最後にメカスさんが本にサインしていたんですね。わたしも列に並んで、はじめて挨拶をした。吉増さんの名前が懐かしかったのか「おお剛造！」って非常にウェルカムな状態でメカスさんは話してくれました。「幻を見るひと」にたいしても「ビューティフル」だと言っていただいた。メカスさんの英語は、「ビュティ、ビューティフル」というふうに言葉に柔らかい躓きがあるんです。魅力のある吃音です。そこでたくさん話したかったんですが、まだ人が並んでいたので、「明日、ブルックリンの事務所に会いに行っていいですか」とおうかがいすると「ウェルカム」とかえしてくれました。けれど翌日、約束の時間、ベルを鳴らしても出てきてくれない。在宅している様子はあったので、小雨が降る中、一時間か二時間ぐらいずっと待っていたら、二階の窓が開いた。上がって来いと手招きをされて、三〇分ならいいよということだったのですが、結局二時間ぐらいお話をさせてもらいました。メカスさんのお部屋を見ていると、冷蔵庫に予定表のメモが貼ってあるんです。その日の予定がこまかに書かれてありました。わたしは講演会が初対面で、その翌日もお会いしましたが、その二回でメカスさんに優しさと厳しさの二面を感じました。メカスさんはものすごい闘士でもありますよね。「たとえ逮捕されてでも映画文化を守る」というようなこともあったり、そういうつよい信念でこっちを見ているのだけど、視線は頭の後ろまで貫かれているみたいな静かな凄みを感じました。そんなメカスさんとお部屋でお話ししていた時、一番気になさっていたのは、吉増さんの新作のことでした。「剛造が新しい詩を書いたらしいじゃないか、その新作を今、井上は持って来てるのか」と。そのことも印象に残っています。

吉増　井上さんの心の中に、映画『眩暈 Vertigo』でそうしたシーンをつかまえようとなさっていたんだと思いますけれども、セバスチャンが、お部屋の一角、ベッドもなくてソファーだけの場所をさして、そこでメカスさんが亡くなったんだよとおっしゃった。その時、ぼくはあまりそういう体質ではないんだけれども、急にクラクラっと眩暈がしたのです。メカスさんがどのような最期だったのかをセバスチャンにうかがうと、普段どおりにしていてソファーから立ち上がろうとして、ちょっと立ち上がりにくいような様子で「それじゃあセバスチャン、これが最期だ」というふうなことをおっしゃって、亡くなられていったということでした。そのソファーのあるメカスさんのいた場所というのは本当に狭い所なの。その場所で、セバスチャンのお話をきいた瞬間、もう三十五年も前になる一九八五年の出会いからのメカスさんの記憶というよりも、メカスさんという人の存在の塊が襲ってきた。その眩暈の状態を自分でも半分は分析をして、「眩暈」という詩をホテルですぐに書いてみたのですが、それから六カ月が経って、本日メカスさんについてお話をする機会を設けていただいたので、あの時の眩暈というのは一体何だったんだろうということを考えてきました。そうすることによってメカスさんに初めて出会った時に感じたこと、そこに生まれた空気と切り離せなく眩暈があるんだということに気がついていました。

一九八五年に彼に出会いましたが、『リトアニアへの旅の追憶』を最初に見たのは一九七三年でしたので、そこまで数えてみると約半世紀近くのメカス体験の、その魂の毛玉のような核がボーッと浮かんできて、メカスさんのお部屋での瞬間の印象で眩暈を起こしたというよりも、半世紀近くのメカス体験の魂の毛玉のような核によって眩暈が起きたらしいということに気がついた。幾つもの心の木霊のようなものが、半回転あるいは四分の一回転するように、あるいは整えようのないものが微かにこっそりとそれとは知られないように、それを少しずつ破るようにして存在をしていた。メカスの魂と出会った時の眩暈のようなもの。その魂の毛玉のような核が、あの時、あの場所で瞬時にして立ち現れた。その刹那の震えが眩暈になって出てきたんだ、ということがわかりました。その時にメカスらしい、難民としての、…、メカスさんの本を読んでいると、彼はベッドに寝たことがないような生活をしていますけどね、…、メカスさんは、どこに寝るかわからないような難民の生活、難民の人生を送ってきて、なおかつ彼は幼い時からの詩人であった。

先ほどお話しいたしましたメカスさんとのはじめての出会い、その時の驚きとして幾度も人にお話ししていますが、ぼくが彼に握手をしようと思って近づいていったら、メカスさんの手と仕草と存在全体が何となく少し揺れながら後ろに下がっていく、そんな気がしたのです。驚きました。殊にアメリカ人にそういう仕草をする人はいませんからね。井上さんが、少し叱るようなメカスさんの口ぶりのことをおっしゃったけど、何とも言えない、表現がとこしえにずれていくようなすがた、そういうものがメカスさんの映像を通しても既に感知はしてもいました。メカスさんの映画が持っている、ちょっと稀に見る魂の震えみたいなものは、中沢新一さんや四方田犬彦さんをはじめとした評論家や、あるいはメカス日本日記の会をつくった皆さん方が、言語化できない震えとしてお感じになり、お話しになられています。そこのところが、……といったらよいのでしょうか、その魂の震えを言語化する時が来たらしい。あの眩暈のような経験の実態を今あらためて考えてみてそう思いました。

出会いの時、青白い変な日本人としてわたくしはメカスさんの目の前に立って、握手しにいった。「とても面白い映画でしたよ」というふうに握手しにいって、手をさしのべた。そしてメカスさんは、少し揺れながら後ろに下がっていった。けれども、メカスさんの目から見た時、わたくしはどううつったのか、そのことを考えてました。

他者へのまなざし、他者からのまなざし、some kind of togetherness

吉増　メカスさんがお亡くなりになってすぐに、追悼文を読売新聞で松本記者とつくり、その後、図書新聞の須藤さんと一緒にメカスさんについてのインタビューの記事をつくっていくなかで気がついたこともあるんですね。こうしてメカスさんに亡くなられてみると、メカスさんとほぼ同年代、アウシュビッツで両親を亡くしたパウル・ツェランの心の振動とどこかで共振している所があるということに気がついてきました。同時に、ヨーロッパの芸術運動の最先端といってもいい、そうした運動のなかにいたメカスさんの作品は、後期印象派を遥かに超えたようなところにいっている、そういう評価があることもわたしたちも知っています。そして、それよりも遥かに深いところで震えているものを考えて、彼自身も詩人であることを考えていた時に、ツェランの場合にはハイデガーとの接触がありますし、ぼくも少しはハイデガーも読むけれども、ああした西欧哲学の根幹にあって、他者というものは一体どうううつっているのだろう、という考えにぶつかった。メカスさんと出会ったとき、わたくしから見たメカスさんの印象はお話しできましたが、メカスさんの前に他者としてわたくしが現れた時、メカスさんがどういうふうな反応をしたか、それをも同時にお前は感じ取っているはずだ、と。

メカスさんと同じリトアニアの出身で、ハイデガーの弟子だった哲学者にエマニュエル・レヴィナスがいます。レヴィナスは、やっぱりハイデガーじゃない、問題はどうやって他者をとらえるかだと言った。ユダヤ人としてのそれだから、どこかに限界はあるにしろ、レヴィナスは他者を問題とした。メカスさんは、その他者との出会いの時に、かつてない柔らかい震えをもっていた。決して映画からだけでもなく、詩からだけでもない、そういう魂の震えみたいなものを、メカス自身が自分でほんの少しほんの少し隠すようにしながら見せてくれた。リトアニア語でヨーナス・ミャーカス、そうしたジョナス・メカスがヨーロッパの難民として、心の先端でわたしたちに接してくれたんですね。そういった確かな匂いのようなものを受けとっていたんだという気がしたのです。出会いからしばらく後、ＮＨＫのＥＴＶ特集の撮影でメカスさんに向けて書いた詩のなかで、わたくしはあなたの感受性に近いと思うけども、例えばインド古来の哲学のように「混沌は混沌のままに」、「濁りは濁りのまま」に、という言い方をしましたが、わたくしから、こちら側からのジョナス・メカス理解というものはある程度のところまで届いていた。しかし、彼が亡くなった時に、眩暈を覚えてから考え直し、そして幾つかのシーンを折り返してみて、メカスさんの方から見た他者としての自分、それを東洋とかアジアとか言う必要はなくって、そういう他者との接触面に生じる眩暈があったんだ、そういうところまで届くようになりました。

メカスさんが亡くなって、彼が死ぬ間際に、リトアニア関係の人たちからの攻撃にも晒されていた、そんないろいろな情報もはいってきていました。メカスさんは普段、とってもシャイで怯えている人です。メカスさんには、一番大事なそういう繊細な心と同時に、少し引いている臆病な心がある。臆病は英語でcowardというんですね。cowardって卑怯者とか、駄目な奴という意味もあるし、9・11の時には、ブッシュ大統領が「こんなcowardな奴が」と言って相手を攻撃したこともある言葉です。そのことに対して、メカスの友人のスーザン・ソンタグが「大統領はcowardなんて言うけども、そんな言葉は相手にはつうじないぞ」と反論もした。結局はつうじない、そのつうじない壁のようなものがあって、哲学者たちはそれを理念や思考で通過するかもしれないけれど、メカスさんの場合には、難民生活を通過してきたその体と仕草と、しかもその映像表現、仕草、目つき、立ち居振る舞い全部でもって、その境界線それ自体を見せた。ぼくはそう思っています。その境界線それ自体が、メカスさんが亡くなって一年後、井上さんと一緒にブルックリンのお部屋の片隅にいった時に、わたくしに向かって眩暈となって立ち上がってきたのね。

井上　今、目を瞑りながら吉増さんのお話を聞いていたら、そのシーンがまじまじと甦ってきます。

吉増　その奇跡的な接触面の大事なシーンと接触することで『眩暈 Vertigo』という映画が始まったんですけれども、その時にいろんな細かいことが起きてきていた。そういった撮影の経験でした。もしもまだメカスさんが生きてられたら、メカスさんが直接に何かを言うことにとらわれてしまうところもあるけれど、そうではない、静かな静かな、毛玉のような境界線が生じてきている。非常に優れた映画の評論家である芝山幹郎さんが、制作中の『眩暈 Vertigo』についての推薦文を書いてくださって、そのなかで、メカスさんの「some kind of togetherness」という言葉の方へこの映画は到達するのかもしれない、という言い方をなさいました。普通だったら、「some kind of togetherness」を翻訳しちゃうと、絆だとか連帯だとか、それで済まされてしまう。そうではなくて、「一緒にあるようなこと」という感じです。少しゆっくりと吃るようにして「some kind of togetherness」と発語する言葉が持っているような、境界面の他者の心の奥深さ、今、そういうところまでわたしたちは届くようになりました。そういった意味では、メカスさんとの出会いの時、あるいはその後の付き合いのなかで、非常に巨大な毛のボールのような、ガジュマルのようにその毛がいっぱいなかにはいっているような時間を、メカスさんも、向こう側からも、他者として見てたのかもしれないな、という感じもしていますね。

井上　わたしが学生時代に最初に見たメカスの映画は『リトアニアへの旅の追憶』でした。エグザイルを象徴しているジョナス・メカスの作品ですね。大学卒業後、東映にいたので、メカスの作品を念頭に、映画人としての自分の立ち位置を自身に問いつづけてきたようなところがあります。ジョナス・メカスの大きさは、今後『眩暈 Vertigo』を編集していくなかで、あらためて見えてくることが多いのではないかとも感じています。一回二回お会いして理解したというには、メカスさんはあまりに巨大なので、撮影した映像とむきあって編集するなかで見えてくるものがあればいいなと思っています。

実際にメカスさんとお会いできたのは、メカスさんの晩年でしたが、吉増さんがおっしゃったように、スーッと後ろに身を引いてゆくなんとも言えない存在というかエーテルのような佇まいを最初は感じるんです。さらには、メカスさんにお会いした翌年に、息子さんのセバスチャンにお会いした時の握手が、同じような感じなんですよ。本当に場の持っているテンションを溶かすかのような空気感をもった人でした。非常に柔らかい人だった。『眩暈 Vertigo』をつくりはじめて、吉増さんがフッと、ジョナス・メカスが生んだ最高傑作がセバスチャンだよねっておっしゃったことがあって、ジョナス・メカスとセバスチャン・メカスの二人のすがたを感じることで、とても腑に落ちたことがありました。わたし自身は、吉増さんのようにメカスさんと深いおつきあいをしたわけではありませんが、ずっとメカスさんの原型を追いかけていったようのところがあって、本人にお会いすることができ、その息子さんにお会いできて、同じような空気感を感じることで共時体験ができたのかなと思って、すごく嬉しかったです。

吉増　井上さんのお話をききながら気がつきましたけれど、一九八五年にメカスさんと会う以前、ぼくは一九七〇年からアイオワへいって、そこの創作科でいろんな作家や詩人たちと出会っているんです。それからも、シェイマス・ヒーニーやジョン・アッシュベリーといった詩人たちともずいぶんと出会っています。ギンズバーグやゲイリー・スナイダーともそうですね。そういった例えば詩人なら詩人でも、彼らの立ち居振る舞いとともに、それぞれに持っている出自みたいなもの、バックグラウンドみたいなもの、あるいは専門性と言ってもいいようなものが、一緒に見えてきちゃうんですね。みんなどこかに構えがあるんです。しかし、メカスにはそれが皆目なかった。多くの場合、出会いの瞬間の接触の具合だけではなくて、そのすがたの背後にある、もしかしたら文化と言ってもいいのかもしれないし、思想と言ってもいいのかもしれない、あるいは人生観と言ってもいいのかもしれない、そういった背負ってるものがはっきり鮮明にあるはずで、それを感じてしまうんですね。日本の方でもそうです。しかしメカスの場合には、どうしてかそれがなかった。解析してみると、難民としての非常に毎日毎日が辛い、寝る所もないようなところを通過したこと、同時に芸術の芯みたいなものは追いつづけていたことがあるのかもしれませんね。それを詩人だと言うんですけどね。メカスさんにかぎっては、そういう芸術家の専門的な門構えや出自、文化のバックグラウンドを匂わせることのない、ほとんど唯一の魂であった。

先ほどの他者の話に繋げますと、そういう魂が、向こう側からこちら側を見た時には、わたくしのような人が目の前に来たということは、…、もしかしたら側についてくれた木下哲夫さんの存在のせいもあったのかもしれませんが、…、後に「メカス日本日記の会」ができて繋がってゆくような未来の運動の胎動をメカスさんは、薄っすらと感じてらっしゃったのかもしれません。そういった非常に非常に珍しい、ある水の流れと出会ったことになるのかもしれない。そうしてみると、あの出会いの日に、得体のしれない、英語もよくできない、柔らかそうな、少し神経質な男が出てきたけれど、こいつがどうやらその戸口かもしれないなというようにメカスさんは感じたのかもしれませんね。ある意味ではわれわれにとっての本質的な他者とか、その他者がなす表現とどうやって向きあうのか、その根底には何があるのか、そういう問題にもなってくることだとおもいます。

「日記映画」の心の皮膜、声、歌

井上　今の吉増さんの言葉を借りて自分なりの体験をひとつお話ししたいとおもいます。ジョナス・メカスのHPには、「日記映画」が並んでいるんです。映画作家のジョナス・メカス、詩人のジョナス・メカスを語る言葉として一番いわれることは、「ニューヨークに上陸して、自分はリトアニア語でしか詩がかけないから、ボレックスの16ミリを買って映像がはじまった」というようなことですよね。今、吉増さんが専門性の門構えのお話しをされましたが、門構えとして考えれば、多くの作家は、ボレックスの16ミリでクリエイターとしてデビューしたら、それを踏襲していく。けれどメカスは、フィルムからビデオの時代になったらそこで簡単に乗り換えてしまう。あの人にはそういう身軽さがありました。「日記映画」もフィルムかデジタルかではとらえられないところでなされたものだと思うんですね。メカスさんの引っ越し間際の事務所にはいっていったときに、棚に外付けのハードディスクがたくさん並んでいたんです。彼はハードディスクに直接に、素材の名前をマジックで書いてるんです。つまりデジタルのプライオリティである入れ替え、上書きはしない、一度撮って保管したらおしまい。こういうディテールを見ると何となく分かるんです。アナログ、デジタルの垣根を取っ払ってとっくに先を突っ走っているような。

先ほどお話ししたシナゴーグでの講演にいって、メカスさんの話をきいた時、メカスさんの胸ポケットに、コダックの小型ビデオがはいってこちらを向いている。そこには当然、自分もうつっている。ジョナス・メカスのHPを見てものすごい驚きが走りました。「日記映画」ってよく言われますが、日常という偶然の積み重ねが、必然としてそこにいる自分の瞬間をとらえられた。HPを見た時には、メカスさんに飲み込まれたという感覚がありました。敢えて言うと魂をとらえられた。そこでわたしは、自分の側ではなく、メカスさんの側の日常のなかに入っていたんだということに気づきました。これがメカスさんのやっていることなんだと。ジョン・F・ケネディが暗殺された九年後の一九七二年、モントークという避暑地にあるアンディ・

ウォーホルの別荘で、ケネディの子どもたちにメカスさんが8ミリフィルムの撮り方を教えているんですよ。それがフィルムブック「this side of paradise」として残っているのですが、その写真の説得力が尋常じゃないですね。時をとらえたいちまいの絵が、他人のプライベイトなのにこちらの心の皮膜に伝わるカタルシス。生きているという感覚がひたひたとこちらの際まで打ち寄せてくる。それはメカスさんの描いてきた「日記映画」にもあります。メカスさんの胸ポケットカメラでニューヨークでの体験がうつしとられ、自分があの時、そこにいたと刻まれている。偶然が必然になった。単にうつってるのではない。

レオス・カラックスがデジタルとフィルムの違いについて話していたことがあったんです。デジタルは基本的に結果ではなくフローでしかない、と。フィルムの持っている意味は、刻み込むということですよね。わたし自身、いろんな映像の仕事をしてきて、フィルムで撮るときとビデオで撮るときの違いは痛切に感じています。今回、『眩暈 Vertigo』の撮影で、8ミリフィルムでもニューヨークを撮ってきたんです。確かに4Kと比べれば圧倒的に解像度もよくない。でもフィルムの持っている強みを感じる。ノスタルジックな感覚はリアルな手触りになることがある。自分たちが被写体と呼ぶものは、同時にこちら側の気持ちがうつしこまれてゆくものです。そういう意味でも『眩暈 Vertigo』では、それをどのように拾い上げて、物語をつくるのかということが重要だろうという気がしています。吉増さんがおっしゃられたように、ドキュメンタリー映画という括りさえ『眩暈 Vertigo』は突破したいと思っているんです。ドキュメンタリー、そしてフィクション。本当はそんな枠組みはない。『眩暈 Vertigo』はそういった領域や旧来の時間軸にはとらわれないようにつくろうと思っています。それはこの映画が、吉増剛造とジョナス・メカスを巡る映画だということも大きいと思います。メカスさんも吉増さんも、そのような枠ではないところで表現をなされている。ニューヨークでの撮影を終えて一月二十九日に日本に帰ってきたんですが、そのおよそ一週間後にコロナが来襲してしまうという、歴史上エポックメイキング的な時間にかかっていて悩ましいんですが、映画作品としては、より自由な時間軸を考えたいですね。

吉増　今の井上さんのお話をおうかがいしながら気がついたことをもう少し捕捉いたしますけど、メカスさんの作品に特徴的なのは、映像のコマの間に不思議な「節」が出てくることです。音楽的な「節」です。同時に、メカスさん自身のナレーションが入る。あのナレーションは「日記映画」というコンセプトのみではとらえられなくて、別の声が出てきているものでもあります。あるいはその声は、歌が出てきていると考えてもいいものです。その時、さっきぼくは、メカスには奇蹟的に構えがなかったという言い方をしましたけど、そういう専門性ではない根源的な詩が、常に太古から目指そうとしていた歌うこと揺れること踊ること、そういうことがメカスの表現のなかで紛れもなく出てきている。

これは直接メカスさんに聞いたことですが、撮影したフィルムを埃が積もるくらい寝かせておいて、その間に、どんな音楽がそのフィルムに添うのかということを常に考えているらしいのね。その音楽が見つかった時に映画が成立するんだと、メカスさんがぼくにそっと言ったことがありました。とすると、メカス自身の声もまたその音楽の、歌の要素だと考える時に、さっきお話しした門構えだとか、文化の領域だとかいうことよりも、メカスさんは芸術表現の最も深く大事なものへ向かっていた。今お話ししながら思い出しましたが、アントナン・アルトーの書いた「ヴァン・ゴッホ」にも近づいてきますね。ゴッホの現実の奥深さ、ものすごい愛情の秘密みたいなものは、年がら年中手紙を書いて、文章を書いて、外に出て絵を描いて、そうした、…、重層化と言ってはとらえられないような、…、複式呼吸みたいなものが、メカスの表現にも常にあったんだと思います。そうした深さを見つめて、フィルムに埃がたまるまで待って、映像をつくっていくメカスさんの作品は、フラグメンタルでもあるのに、見えない、とても美しい整序感がある。これがメカスさんが心のどこかで考えている歌だとするならば、メカスの中を流れている歌の本質というのは、われわれが制限されたなかで言っている、ゲーテだとかリルケだとか、そうした芸術の枠の外に出ている。「メカス日本日記の会」で二回ほどメカスさんを呼んで旅をともにしたけれど、帯広にいっても山形にいっても沖縄にいっても、ニコニコして一緒に酒を飲んで歌を歌って、一言も小言を言わないようなすがたにも、メカスさんが心のどこかで考えていたであろう歌があった。そういうことが言えると思います。メカスの映像の中の言語の存在というのは、それくらい深く考えた方がいい。繋げるようにお話しいたしますと、井上さんの前作『幻を見るひと』の特筆すべき点は、優れた英語の表現が映画上に流れていたことにもありますね。映像のなかの言語を考えても、いわゆる字幕という域を超えていました。それが国際映画賞を受賞したり、メカスさんに届いたりということにつうじているんだとおもいます。

井上　映画がもつ言語を日本語と英語のハイブリッドにしたいという気もちがありました。映画に流れる言語、声のハイブリッドについては『眩暈 Vertigo』にもつうじていると思っています。現地で撮影している時に、道を歩いている人に声をかけてメカスの「難民日記」の一節を読んでもらったり、メカスの回顧展がひらかれていたフィルム・アーカイブスでメカスのファンに話をきいたり、吉増さんの詩を幾人もの人に朗読してもらって、これまで聴いたことのないような多重録音もこころみます。

詩、美術、音楽、映画、根源の夢

吉増　すこしメカスさんの逸話をお話ししますと、まだメカスさんがダウンタウンの大きなロフトにいらっしゃった時、アメリカの詩人やフランスの詩人、ぼくの友達たちが呼ばれて行ったことがありました。マイケル・パーマーも一緒だったかな、ロシアの詩人ゲンナジイ・アイギもお付きの人と一緒だった。巨大な雑然たる空間で、大きなテーブルがあってそこで白ワインとかチーズがふるまわれて、歌が歌われたりパーティのようになっていたんですが、アイギがちょっと居心地が悪かったのか先に帰ろうとして、別れ際に握手をしようとした。そのタイミングでメカスさんは、ちょうどテーブルの上にあったボストンバッグのようなものをヒュッと宙に放り投げて、ドサッと下に落っことしたんです。それが、よくおいでくださいましたというメカスのあいさつだった。それをぼくは凄いなと思った。演技でやるわけでも、思い付きでやるわけではない。メカスの心の深いところ、その音楽性だと思いますね。一周忌の時にメカスの家で感じた眩暈は、そういうものまで含んだものでしたのですね。

お話をしながら、メカスさんの映画のシーンを思い出してきます。わたくしも、もうずいぶん長い間、学校で教えたり、メカスさんについて語ってきたなかで、必ずしも映画の道にすすもうと思っている人ではないような若い人たちが、メカスさんの作品をとても深く受けとめてくれる人々が居られました。学生さんの一人が、メカスの映画に出てくる洗濯物に、もっとも大切な〝しるし〟を見たみたいで、そういったことも印象に残っています。蓮實重彦さんだったらショットと言うのかもしれませんが、ショットがさらに膨らんで、それが心の財産になってゆくことがある。中沢新一さんは、メカスの映画を見るとものを食べたくなって困ると言っていました。『リトアニアへの旅の追憶』でリトアニアに帰ったときにお母さんが鍋を載せて火を焚いて煮てるようなシーンを見ることの、とても嬉しくなるような感受の仕方ですね。お母さんが木苺を手のひらに乗せて、それをウォーゴスと言うシーンから、ひとつリトアニア語を覚えてしまうということをきいたこともあります。そういうショットとメカスの魂はどこかでつながっている。そうした経験を構造化して論理化するというのではなく、メカス体験の魂の毛玉のような核が眩暈のようになって、わたしたちの人生経験として存在しはじめる。アンディ・ウォーホルにもそうした性質があったようで、あるいはジョン・レノンの持っていた歌の心の底につながっているかもしれない。それをメカスさんが非常にいい呼吸でわたしたちに繋いでくれたのだと思います。

井上　メカスさんが日本に来た時の滞在記録を見ていくと、ボレックスにフィルムを装填しているメカスのすがたがビデオで撮影されているんです。そのすがたは、わたしのようにプログラムピクチャーをつくってきた人間としてはショッキングなものでした。メカスは、すこしカメラをまわしてはお終いという感じなんです。考えて撮っているんじゃない。いわゆる映像を撮るということとは、別のことをしているなという感じがしました。撮るのではなく、どこか空気を切り裂いているという感じです。撮る行為には時間をかけてない。メカスのそのすがたに、速度を感じたんです。スピード感です。前作の映画『幻を見るひと』を撮影しながら、吉増さんの創作活動を近くで拝見していて、吉増さんものすごい速度で筆記されていく。考えると行為にズレが生じるんだろうなぁと思いました。書きながら生まれ、撮られながら刻まれる。そんなことを考えさせてくれて、吉増さんとメカスはそこにも共通しているものがあると思います。

吉増　共通性ということに小さい補足をしておくと、ある種、根源的な芸術衝動みたいなものに目をつけた時期が、一九六〇年代にはあったんですね。もしかすると、その流れを映像において引き継いでいるのは原將人さんや飯村隆彦さん、あるいはそこに小川紳介さんもはいってくるのかもしれません。写真で言うとアラーキーもはいってくる。美術でいうとオノ・ヨーコさんも赤瀬川さんもそうかもしれませんね。そうした音楽と美術と映画とが一体となり、最も大事に夢見たものを、メカスやアンディ・ウォーホル、ロバート・フランクは実現していった。その夢にはわれわれも見覚えがあるんですね。そういう芸術表現を通過してきたんです。メカスさんは、難民ということもあるし、生まれた魂の深さもあるけど、メカスさんが九十六歳まで生きのびることによって、その表現の根源性の豊かさを開示してくれたのです。メカスさんだけが独立した山としてあるのではないけれど、これほどまでにひっそりと長生きして、そしてここまで辿りついたということの心映えというのが、他者としてのわたくしにも一緒に旅をして一緒に歌を歌って、届いているんです。今日、ようやくそこまで言えるようになりましたけれども、つまり、そういうことを感じているらしい魂の震えみたいなものに、深く気がついてきたんですね。

（二〇二〇年七月七日）

ジョナス・メカス氏と愛猫　2018 年 2 月

『眩暈 Vertigo』より　吉増剛造氏（左）とセバスチャン・メカス氏（右）

ジョナス・メカスを語る　証言と交流録・エッセイ

飯村隆彦
飯村昭子
正津勉
綿貫不二夫
原 將人
木下哲夫
高嶺剛
金子遊
石原海

写真＝大森克己

ジョナス・メカスのこと パリ
再び、メカスのこと パリ
メカスとの再会 東京

飯村隆彦

ジョナス・メカスのこと パリ

久しぶりにメカスの『映画日記』を読んでいた。読むといっても拾い読みである。これはパリの貧しいホテル住まいの私の数少ない蔵書のひとつだったから、すでに何度か読んだ。読み直す度に、新しい発見もあれば、同じ歌だと思うこともある。実際、メカスは実にさまざまな対象をとりあげているが（私の何倍も映画を見ている）、彼が同じ歌をうたっているといっても、決して彼を非難したことにはならないだろう。そこには、怒り、抗議、批判、讃美、説得、描写があるが、彼は常に一貫した態度を示している。むろん個々の評価では、私自身異った意見もあるが。

メカスと私の出会いはかなり昔にさかのぼる。一九六四年のことだった。そのころ一時小野洋子が日本に来ていて、アメリカの実験映画のことなどを話し合ったことがある。私がアメリカの雑誌を通じて知っていたメカスのことも、彼女は話した。私の「ＬＯＶＥ」を見て、彼女は気に入り、音楽をつくってくれた。そして、彼女がアメリカへ行くときに、私はまだ八ミリの「ＬＯＶＥ」を彼女に手渡した。それを彼女はメカスに見せたのだろう。しばらくして出た『フィルム・カルチャー』誌に、私の「ＬＯＶＥ」についてのメカスの批評が載っているのを見出した。私はその予期しなかった讃辞に喜んだ。メカスはむろん私の名も他の映画作品も知らなかったはずだが、一本の作品だけを見て、このような文章を書く彼の大胆さに驚きもした。

だから最初の出会いは、まったく作品のみを通してのものだった。これは作家にとって理想的であるというべきかもしれない。

それから二年後の一九六六年、私自身がニューヨークへ行った。四一丁目にあったシネマテークで二晩行ったアメリカでの私の最初の個展上映に、メカスは来た。それが本人との最初の対面だった。私はまだろくに英語を話せなかったから、ほとんど話はしなかったが、メカスの微笑だけは印象に残っている。

それから二年半、メカスには何度か会った。あるときはシネマテークで、あるときは会合で。しかしそれ程長く話したことはない。四一丁目からダウンタウン（現在のソーホー地区）にシネマテークも移ったが、現在のソーホーとは異なり、当時はあのあたりはさびれていた。シネマテークは、客も少なく、ジャーナリスティックには騒がれながらも、実際には受難の時代だった。彼はその受難を一人で背負っている感があったが（キリストになぞらえて、「ジーザス・メカス」と『ニューヨーク・タイムズ』紙が書いた）、会うといつも微笑していた。

私は彼の微笑を見ると、ほとんど話が出来なかった。一体あの微笑から、どうしてあのようなはげしい文章が生れるのか分らなかった。

ニューヨーク・フィルムフェスティヴァルの際に、リンカーン・センターで、ヨーロッパの映画作家によるシンポジウムがあった。メカスは最前列に座って、マイク片手に録音をとっていた。しかし、議論の途中で、彼はいきなり座席から、イタリアのピエル・パオロ・パゾリーニ監督の発言に対して異論をとばした。その唐突さは、議論というよりは、彼のはげしい感情を示していた。私はメカスの別の一面を見たように思った。

また、フィルムメーカーズ・コーペラティヴ（映画作家協会）で、会合があったとき、映画作家のケン・ジェイコブズがはげしくメカスを批判したことがあった。その批判の内容は忘れたが、メカスは、その批判に一言も異議をはさまず、その批判に同意するばかりでなく、さらに積極的に賛意を示した。

この二つの例――一方はパゾリーニに対するはげしい異議申し立て、他方はケン・ジェイコブズの批判に対する積極的な賛意（両者ともその内容は別として）――は、メカスの一徹な感情をあらわしている。と同時に、大きくみれば、商業映画、ヨーロッパ映画に対する彼の戦略から発しているようにみえる。メカスにとっては、この二つの例はまったくの偶発事で、両者の間にはまったく関係がなかったとしても。

七二年に、再びニューヨークに来たとき、メカスの周囲の事情が以前とはかなり変わっていることに気づいた。三年間の私の不在の間に、ニューヨークもどんどん変わっていたのである。その間に出来たアンソロジー・フィルム・アーカイヴスがもっとも大きな事件だった。アーカイヴスを作ることで、メカスは選択した。以前のコーペラティヴとシネマテークという同時代的な連帯性から、アーカイヴスという映画史的なものの確立へと、彼の選択は変わった。それは、メカスが過去にかえったことを意味するのではなく、むしろ歴史的な展望の確立という映画史的な未来への賭けであった。

再会したメカスはあい変わらず、忙しく立ち廻っていたが、むしろ孤独であるようにみえた。あるとき、映画会へ行く途中、町角に立っているメカスに会った。彼はビラをもっていて、ある事情でその映画会へは行けないが、ビラを観客に渡してくれ、というのである。そのビラは、イタリアから来た前衛映画の作家のために彼が個人的に組織した映画会の案内であった。私は「ある事情」が何であるか知らなかったが、ともかく受けとって、観客にくばった。のちに、そのイタリアの前衛映画を見に行ったが、観客はメカスの他にわずかであった。

それから私はヨーロッパへ行き、メカスともしばらく会わなかった。ロンドンの前衛映画祭で見たメカスは、ボレックス・カメラで、会場に来た映画作家たちを撮りまくっていた。そして丹念に、ほとんどすべての上映を見ていた。私のフィルム・インスタレーションにも、最初から来ていた。私はこれ程映画が好きで、毎回欠かさず見ている人を他に知らない。そして後にみた『ヴィレッジ・ボイス』紙のロンドン映画祭の批評記事で、メカスは私の作品についてもふれていた。単に「好きだ」と書いてあったのでほっとした。

再び、メカスのこと パリ

メカスのことを書きながら、気づいたことがある。『映画日記』のなかにも出ているが、メカスは「批評よりも支持」といい、あるいは自分のことを「産婆役」という。いうばかりでなく実践している。それらの言葉にあらわれている、メカスのなかのマザー・コンプレックスということである。

メカスの『リトアニアへの旅の追憶』（一九七一〜七二年）という映画で、もっとも注意を引くのが、メカスの、母親への視線である。二五年ぶりに会う母親への、きわめてヴィヴィッドな視線である。パンを焼く母、それを手伝うメカス、その両者をとらえるカメラ、あるいは兄弟がダンスしているなかで一人座って見ている母へのパン・ショット、あるいは別れの際に一人帰ってゆく母の後ろ姿をフォローするカメラなど、いま、何度か見たシーンを思い出しながら考えてみると、それぞれのショットは、メカスの、母へのいたわりを示しながらも、同時に彼女の孤独を浮きぼりにしているように思える。それをメカスの母親願望といっていいのかどうか分らないが、彼が母親に対して、強い同情と親近感をもっていることは確かである。

メカスとの再会 東京

私はこの部分でメカスについて書いている。メカスとのつき合いは長い。私自身メカスとそれ程親しいというわけではないが、この部分で書いているように、私が最初にアメリカに行った動機のひとつが、私の映画についての彼の批評にあったのだから、すでに一五年以上である。

メカスの六〇年代から八〇年代への軌跡を見てゆくと、かつてのポレミストとしての華々しさはなくなったようにみえる。それは彼がジャーナリズムの第一線から退いて、アンソロジー・フィルム・アーカイヴスの仕事をしているからである。そのアンソロジーも、未完である。ソーホーの一角に作ったロフト劇場を売って、イースト・ヴィレッジの旧監獄をニューヨーク市から買い、これから改造することになっている。あと二年は金集めと建築にかかるだろう。彼はこのアーカイヴの完成を生涯の仕事にしようとしているようだ。

私はそういうメカスを、ニューヨークを離れるまえに、彼のロフトに訪ねた。八二年のことである。メカスは暖かく迎えてくれたが、話題はアーカイヴのことだった。不況で金集めが難しいと話していた。完成したら、アーカイヴは映写室からライブラリーまで含めて、歴史的なものになるだろう。そこには多くの貴重なフィルムが集められる。非常に価値はあるが、困難な仕事であるにちがいない。

私はかつてのポレミストがアーキヴィストになったことにある種の残念さを感じながらも、そこに一人の人間の生き方をみる。それはかつて自ら主張し、先頭に立った運動の成果を、自ら保存し、次代に伝えるという仕事である。これは大きく見れば、アメリカは現在、さまざまな新しい芸術を生み出しているが、それがやがて歴史となる、という自覚があってのことだ。これはメカスに限らず、現代芸術に関するアメリカの美術館の、資料と作品の収集の量を見れば分かる。日本の美術館の現代美術の収集の量と比べてみるなら、雲泥の差である。

今回、アンソロジーアーカイブスでの私の上映経験から云うと、ここで一九六〇年代後半以来、私はニューヨーク滞在中に、最初はフィルムメーカーズ・シネマティークと云っていた。ＳＯＨＯの劇場を含むと数回の個展と日本の実験映画の特集上映など行ってきた。まず第一の印象は上映中は、背後の出口のサインを除けば完全な闇を達成していたことだ。したがって、スクリーンが宙に浮いているような印象を持つ。余計な灯りはなく、スクリーンに集中できる。これは特に、座席が百足らずの小劇場で経験した。特に私の真白や真黒なフィルムを多用したコンセプチャルな作品には完璧であった。
メカスのアンソロジー・アーカイヴスも、映画の美術館にはちがいないが、パリのシネマテークの膨大なコレクションとは異って、その価値は、メカスやペーター・クーベルカなどの選考委員による映画史の再編成化にある。

「パリ―東京映画日記（星雲社、一九八五年）一三七頁―一四五頁」より再録、校正は二〇二〇年

著者の撮影によるジョナス・メカス

記憶の中のジョナス・メカス

飯村昭子

ジョナス・メカスに初めて会ったのは一九六七年の初夏。タイムズスクエアに近いビルの地下室。夫の隆彦についてフィルムメーカーズシネマテークに行ったときだった。個人映画を見るショウを観る人が集まっていた。皆フィルムメーカーらしく、常連のようだった。

背の高いジョナス・メカスが前に座っていた。その夜上映されたのは、ウイーンから来た作家クーベルカの幾何学的な作品で、色が鮮明で美しかった。夫の隆彦は、日本の映画作家たちの作品をあずかって持ってきていて、それをここで上映してもらいたかった。メカスに話すと、すぐに上映のスケジュールに組み入れてくれて、大林宣彦作品と飯村作品が上映された。これらはイーストビレッジのゲイトシアターでも上映された。その会場の上のフロアはイベント会場になっていて、同じ夜小杉武久が、明け方聴衆が一人もいなくなるまで、バイオリンを弾き続けていた。

ベトナム戦争が次第に深みに入っていく一九六〇年代末期だった。ストリートはベトナム反戦をさけぶヒッピーで埋まり、公園で開かれているロックコンサートの音が、風に乗って街中に響いていた。

若くして反体制だったメカスは、自国リトアニアを占領していたソ連（ロシア）に敵対する地下新聞を発行していて、それが官憲に知られて身の危険を感じたため、一九四四年、二二歳でドイツに逃れた。戦後は自国がソ連の領土になったため帰国できず、二年間ヨーロッパを放浪したあと国連の助けでニューヨークに渡った。祖国では詩人をめざしていたが、言語の異なるアメリカに来て、映画表現を始め、しだいにアンダーグラウンドフィルムとよばれる個人映画の分野を開拓していった。初めて故国リトアニアを訪れたのは一九七一年。二七年経っていた。その時の喜びは映画『リトアニアへの旅の追憶』（一九七一年〜七二年）に爽やかに描かれている。

ニューヨークでは、ハリウッドの商業主義を否定して、個人映画作家作品を配給するフイルムメーカースコーポラティヴを作り、大学などに個人映画作品を配給して、作家たちの収入を図ったが、彼らを満足させるほどの収益はなかった。メカスに金銭的な苦情を言う作家もいた。生活に困っていたジャック・スミスなどはそのため作品上映を断わった。しかしメカスとしては、払えないものは払えない。しばらくは愛するジャックにそっぽを向かれていた。だが、ハリウッドの商業映画にはない、〝切れば血の滲むような〟個人映画作品に光を当てなくてはならないという、メカスの信念は変わらなかった。だから今、マリオ・モンテスを美しく描いたジャック・スミスの名作「燃え上がる生物」は、メカスの偉大な遺産とも言えるアンソロジー・フィルムス・アーカイブスの上映プログラムにしっかりと入っている。

ソーホーのウースタースートリートにシネマテークがあった時、警官が来て、道路脇にあった細い木を通行に邪魔だから伐れと言った。その時、「私は伐らない。伐るならあなたが伐れ」と断ったジョナス。警官が伐らなかったので、その木は今ビルの三階ほどの高さに成長して、ジョナス・メカスの心を象徴するように、あたりのビルに美しい影を落としている。

Lãvas vãkaras!（こんばんは）

正津勉

この夏はあまり面白くなく過ぎた。だがしかしひとつだけいいことがあった。ジョナス・メカスの来日イベント「メカス一九九一年夏」（帯広八月二二日、山形八月二三日、新宿八月二七、二八日）がそれだ。ニューヨークのアンダーグラウンド・シネマの創始者・詩人ジョナス・メカス。わが国でも『リトアニアの旅の追憶』（一九七二年制作、一九七三年日本公開）以来、知る人も多いだろう（今回、八月三〇日のＮＨＫ「ミッドナイトジャーナル」に出演）。初来日は八三年、じつはこのときメカスとわたしは親交をえていて、八年ぶりの再会となった。

八月二七日、新宿紀伊國屋ホール。まったく素晴らしい夜だった。まったく記念すべき夜だった。何からどう書いたらいいか。映画、詩朗読、対話……。

当夜の映画は『〝いまだ失われざる楽園〟、あるいは〝ウーナ三歳の年〟』（一九七九年／16ミリ／カラー／九〇分）。メカスは一九二二年リトアニア生まれ。第二次大戦中ナチスの強制収容所を逃れて、難民キャンプでの暮らしを経て、四九年アメリカに亡命。この年、ボレックス（16ミリカメラ）を手に入れ、個人映画を撮り始める。おそらく想像できない辛酸をなめたろう。かれは七四年、五二歳の年にようやくホリス・メルトンと結婚。長女ウーナの誕生をみる。フイルムは愛娘ウーナ三歳の年の春からスタートする。最初の舞台はニューヨーク。作家の日々と都市の断片、聖パトリックの祭日のパレード、セントラル・パークの午後の散歩、ウーナの笑い声がはじける。するうちにフイルムは回って、一家は母の九〇歳の誕生日を祝うためにリトアニアに向う。ウーナが初めて対面する従兄弟たち、自家製のビールを飲み歓談する一族の近隣の誰かれ。牛が草を食んでいる、小さな花が咲いている、雲が早く流れてゆく。メカスはこの映画についていう。「これは日記映画だが、同時に楽園を巡る思索でもある。ウーナに宛てた手紙といってもいい。ウーナが3歳の年――本人の記憶には、体験したことのうちごくわずかな断片しか残らないだろう――周囲の世界はどのようなものであったかを思い出す微かな手だてとして、また人生のうちで本当にロマンティックに手ほどきするものとして――わざとらしさ、商業主義、そして肉体と精神の両方に危害を加えるものの氾濫するこの世の中で――いつの日かウーナの役に立てばと思い、制作した」。

遺著のような映画といおうか。ジーンと心にひびくシーンがつづく。年を経て恵まれた幼い娘をみつめる優しい目ざし。ウーナ三歳の誕生日の夜に、こう囁くメカスの声が忘れられない。ウーナ……ドリーム……ドリーム……ドリーム……。

もうひとつ忘れられなく耳おくに届いている、ジョナス・メカス、母国語発音でヨーナス・ミャーカス、かれがその夜に読んだリトアニア語の詩のひびき。

〝DIENORAŠČIAI〟(ディエノーラシュチェイ)――

šviesos užuomira(シュヴィエソース・ウジュオミナ)　光の暗示
šviesos plaukai(シュヴィエソース・プラウカイ)　光の髪
šviesos rankos(シュヴィエソース・ランコース)　光の手
šviesos daina(シュヴィエソース・ダイナ)　光の歌

「日記」部分

この光を冀求する声、おそらくここには強制収容所の記憶があるのだろう。現代のインド・ヨーロッパ語のなかでもっとも古い姿をとどめてサンスクリット語にも近いといわれるリトアニア語。「映像とならんでわたしの命の一部」という言葉。ときにミャーカスの声は静かに胸を涵した。

さて当夜、会も終えてわたしたちは新宿の街にくりだした。まったく素晴らしい夜だった。まったく記念すべき夜だった。この三日前すでにソヴィエトのクーデタは失敗し、共産党解体が報じられ、リトアニアの独立は現実のものとなっているのだ。わたしたちは再会を喜びしこたま杯を交わしあった。

Lãvas vãkaras！（ラーヴアス・ヴアーカラス）
Lãvas vãkaras！（ラーヴアス・ヴアーカラス）

『フィルムメーカーズ 個人映画のつくり方』金子遊＝編著より転載

写真＝鈴木志郎康

メカスさんの初来日、初めての展覧会、初めての版画とカタログ制作

綿貫不二夫

1983年（61歳）アンソロジー・フィルム・アーカイブス新設移転計画のアピールのために初来日。名古屋、京都、大阪、奈良、福岡を訪問。東京・原美術館で「アメリカ現代版画と写真展—ジョナス・メカスと26人の仲間たち」展開催、オープニング、及びシンポジウム（メカス、飯田善國、正津勉、佐々木幹郎）に出席。初のシルクスクリーンによる版画を日本で制作。

1984年（62歳）奈良・西田画廊、東京・憂陀、秋田・大曲画廊で「ジョナス・メカスとその仲間たち展」開催。
＊『ジョナス・メカス　ノート、対話、映画』（二〇一二年、せりか書房、訳者・木下哲夫、編者・森國次郎）所収のBiographyより

メカスさんの初来日について書くことになり、昔の資料をひっくり返し、友人たちにも聞いたのですが、驚いたことに成田空港に彼がいつ到着し、いつ離日したかの正確な日時を、私を含めて誰も覚えていません（笑）。成田に迎えに行ってくれた山下伸さんからのメールを紹介すると、

「メカス来日の詳しい日にちは記憶にありませんが、成田空港から版画センター、イメージ・フォーラム、全国行脚全ては私が車で送り迎えしていました。宿泊は東京では我が家でした。世田谷区松原の一軒家の借家です、まだ汲み取り式の古い家です。家族は私と妻、長男長女次女の五人です（映画『富士山への道すがら、わたしが見たものは……』に映っています）。車はライトエース、記憶に残っているのは中央高速伊那谷に入っ

た辺りで工場の煙突の煙をボレックスで撮影していたことと、神戸の六甲オリエンタルホテルのコンソメと博多の長浜ラーメンの豚骨スープが天使の味と気に入っていたことです」とあります。

会員制による版画の版元・現代版画センター（一九七四〜八五）を主宰していた私はソウル経由の大韓航空の一番安い七万円のチケットを送っただけで、ホテルも用意できませんでした。

一九八三年の一二月一日が原美術館でのオープニングでしたから、成田到着は一一月二九日か三〇日であったと思います。

成田から渋谷区鉢山町にあった私の事務所に直行したメカスさんに刷り上がったばかりの七点の版画にサインしてもらい、メカスさんにとって初めてのカタログを見てもらいました。原美術館、イメージ・フォーラム訪問のあとは、友人たちの伝手を頼り、関西から九州まで行脚。各地の上映会では、決して多くはありませんが、熱心な観客の質問に真摯に答えていました。貧乏旅行をメカスさんは楽しんでくれたようです。

一二月一〇日の原美術館での「映像と詩」をテーマとしたシンポジウムに出席し、その数日後には離日されたと思うので、二週間ほどの滞在だったでしょうか。

アメリカに戻る直前、日本の印象を尋ねると、「東京からずっと西の方まで行きましたけど、景色を見ても新しいものが生まれつつあるんだろうと思いました。そして何よりも感じるのは、出会った人びととの表情の中に、生きている歓びが見えて、ニューヨークの若い人に感じる緊張感がちっとも見えなかったということです」と語られたのが印象的でした。

原美術館の展示を見るメカス

メカスさんをお招きすることになったそもそものきっかけは、一九八二年にニューヨークで木下哲夫さん（翻訳者、吉増剛造さんらとメカス日本日記の会を設立）が飯村昭子さんに連れられてメカスさんを訪ね、意気投合したことでした。以来、亡くなるまでメカスさんの最も信頼する友人として、木下さんはその著書の翻訳、四度にわたる来日のお世話を続けました。

ちょうどその頃、私はアンディ・ウォーホルの全国展を企画、また日本の花（菊）をテーマに版画制作をウォーホルに依頼しており、彼との手紙のやり取りを手伝ってくれたのが木下さんでした。一九八三年の春、私は日本で刷ったウォーホルの版画を抱え、初めてパスポートをとってニューヨークに行きました。数十ページにわたる契約書をウォーホルと交わし、千数百枚もの版画にサインをしてもらう間に、木下さんの依頼でメカスさんのアパートを訪ねたのでした。

通訳してくれたのは、現在はシンガポールで先鋭的なギャラリーを運営されている真田一貫さんでした。既に酔っぱらっていたメカスさんが「フィルムは山ほどあるが金が無い。友人たちが資金作りにと作品を提供してくれたんだが」と傍らにうず高く積まれた大判のポートフォリオを見せてくれたのでした。

メカスさんを支援しようと作家たちが無償で提供したポートフォリオを簡単に紹介すると、一つは版画集で、アンディ・ウォーホル、リチャード・セラ、エイマンド・ブラハム、クラエス・オルデンバーグ、ヨーゼフ・ボイス、カール・アンドレ、アリス・ニール、ルドルフ・バラニック、メイ・スティーヴンス、ハリー・スミス、ロバート・ラウシェンバーグ、ジェームズ・ローゼンクイスト、ウィリアム・ウェグマンの一三点、限定七五部、価格は八〇〇〇ドル。一メートルを超える大判で、今ならセラやウォーホルは、数万ドルを出さないと買えないでしょう。

もう一つは写真集で、ロイス・グリーンフィールド、ホリス・フランプトン、ピーター・ビアード、ヘレン・レヴィッド、エレイン・メイズ、ジョエル・マイエロヴィッツ、オリヴィア・パーカー、アーロン・シスキンド、ルディ・バークハート、マイケル・スノウ、ラルフ・スタイナー、ウィラード・ヴァン・ダイク、スティーヴン・ショアの一三点、限定七五部、価格は五〇〇〇ドル。

いずれも二〇世紀後半を代表するトップ・アーティストの作品集であり、版画は一点あたり僅か六〇〇ドル、写真は四〇〇ドルにも満たない廉価となっていました。しかし、それにもかかわらず、ほとんど売れずにメカスさんのアパートに積まれたままでした……。

私ができることはそのポートフォリオを日本で売ること、そしてメカスさんの版画をつくり、日本で展覧会を開くことでした。

メカスさんが撮影したフィルムから数コマの部分を抜き出し、それをシルクスクリーンで刷るという私たちのアイデアをメカスさんは喜んでくれ、それは後に〈フローズン・フィルム・フレームズ—静止する映画〉と名付けた連作の始まりでもありました。

「これらの映像はわたしの映画からとりだしたものだ。しかし、もうわたしの映画ではない。また写真でもない。それでは、何なのだろうか。わたしの執念。映画のコマを静止させる可能性にわたしはとりつかれた、たまたま好奇心をそそられて始めたところが、おもしろくてやめられなくなった。」

(ジョナス・メカス『フローズン・フィルム・フレームズ—静止する映画』より、一九九七年　フォトプラネット刊)

メカスさんから送ってもらったフィルムの断片の中から七種類を選び、シルクスクリーンで刷るに際しては名人刷り師と謳われ、美学校で後進を育て、日本のシルクスクリーン版画のパイオニアとして活躍した岡部徳三さんのセンスによるところ大でした。

日本で制作された七点の版画と、上述した二六人の作家の版画と写真による展覧会が一二月二日～二五日の会期で原美術館で開催され、翌春、奈良、東京・神楽坂、秋田のギャラリーを巡回しました。既に映像の世界では神話的な存在だったメカスさんの作品が、美術館で展示されたのは実はこれが初めてでした。

メカスさんの初めての版画七点、「ウーナ・メカス5才 猫とホリス（母）の前でヴァイオリンの稽古1979」「夜の街を走る車 マンハッタン」「セルフ・ポートレイト ラコステ（サド侯爵の城）の日蔭にて」「モントークのピーター・ビアード 1974」「ひなぎくを持ったケイト・マンハイム 1972」「枝と葉の影を映し、雨滴に濡れた壁」「京子の7才の誕生日（オノ・ヨーコの愛娘） 1970」は二〇一八年に埼玉県立近代美術館に収蔵されました。

七点の版画について、メカスさんは私たちのインタビューに対し「あれは映画のひとコマをそのまま起こしたものです。それをまず分って欲しい。でも非常に面白いものが出来たと思ってますし、多分これで映画作家が自分の映画の中から〈止まった形のもの〉を残すことが起きるんじゃないかと思います。それなりの価値があると思いますし」と答えていました。最初のきっかけが何であれ、自分が新しい表現（静止する映画）を獲得したという予感があったのでしょう。

二回目の来日は一九九一年夏でしたが、それはちょうど、ソ連のペレストロイカから始まったバルト三国の分離独立運動が大詰めを迎えていた時期でした。紀伊國屋ホールでの講演会が終わり、会場から出てきたとき、ちょうど街頭テレビの画面にソ連の軍事介入に抗議するバルト三国のニュースが流れていました。大勢の人々が丘に集まり、手をつなぎ、合唱することによって世界に独立を訴えている画面を、食い入るように見つめていたメカスさんの姿を忘れられません。軍事的圧力で脅すソ連に対し、銃ではなく歌声で、バルト三国の結束を訴え運動を主導したのがリトアニアでした。このとき私たちは気づかなかったのですが、国民を率いて独立に導き、リトアニア初代大統領に就いたのがピアノ教師だったヴィータウタス・ランズベルギス、つまり、『リトアニアへの旅の追憶』に流れる曲のピアニストです。歴史の不思議さを思わずにはいられません。

初めて日本を訪れたときのメカスさんは六一歳、木下さんはじめ招聘に尽力した人たちは皆三〇代後半の若造でした。

あれから四〇年近く経ち、メカスさんの映像作品に触れ影響を受ける若い人たちが次々と出てくるのは嬉しい限りです。昨年お正月に突然世を去ったときは何だか心細くて仕方ありませんでしたが、残された者の務めとして、これからもメカスさんの仕事を伝えていきたいと思っています。

右からジョナス・メカス、木下哲夫、靉嘔、筆者

草書体の映画

インタビュー　原 將人
聞き手・構成＝金子遊

今から三〇年くらい前の一九九〇年代のことですが、「メカス日本日記の会」の人たちが新宿二丁目にあるバー「ナジャ」でジョナス・メカスの映画の連続上映をしていて、ご本人が来日していて会ったことがあります。旅行中で疲れている様子だったので、肩から首、そして手の心包経がすごくこっていたので、丁寧に指圧してあげました。そうしたら「原君、指圧のお礼にいいこと教えてあげるよ」と言って、「映画はリュミエール兄弟じゃなくて、ラスコーやアルタミラの壁画から始まったんだよ」と言いました。その言葉についてずっと考えていたんですけど、映画には長い前史があって、人類が心のなかにイメージを持ったときから映画は始まったんだと気づきました。言語を獲得し、象形文字を使えるようになった辺りから、人間には映画をつくる潜在的な力が養われてきたのではないか。そこから映画が始まったんだよ、と教えてくれたんだろうと思います。

メカスさんの映画を振り返ると、六〇年代後半に『ウォールデン』（一九六九）というモノクロの日記映画の長編が完成して、『リトアニアへの旅の追憶』（一九七二）あたりからカラー映画になっている。その二本では、比喩的にいえば「象形文字を崩して書く」ということをやっている。撮影所でつくられる商業映画がアングル、フレームサイズ、切り返しショットなどを駆使し、きちっと撮って「活字を組んでいく作業のような映画」だとすれば、メカスさんの日記映画は手持ちカメラや多重露光、さまざまな実験的な手法を使って「活字を崩して書を書くように撮る映画」だったのではないか。だから、今後も僕はメカスさんの遺志を受け継いで、草書体で劇映画も個人映画も撮っていきたいと思いますね。

ジョナス・メカスの『リトアニアへの旅の追憶』を観たのは、一九七二年に紀伊國屋ホールか草月ホールだったと思います。短いカットを積み重ねて、撮影を止めたときにフィルムが感光する光線ビキまでも作品のなかに入れて、リズム感を出している。特にカラーになってからの16ミリ映画は、視覚的な音楽であり、すばらしいと思います。僕の代表作『初国知所之天皇』（一九七三）を撮る前のことでした。メカスさんの影響もあって『初国』はほとんど手持ちカメラで撮っていますが、それ以上に「映画だと思ったときにカメラを回す」という試みをしたことが本質的だったと思います。断片的に端切れ良くつながっていくメカス映画とちがって、僕の場合は8ミリで撮った映像をスローモーションで映写することにした。それが自分なりの「象形文字を崩した草書体」へとつながったのです。

メカスの映画は、身のまわりの妻、子ども、猫などの日常生活を草書体で崩して撮っている。いまのヴィデオカメラや一眼レフカメラの動画機能、スマートフォンのカメラでは、このように撮ることができないのが残念です。デジタル機器では録画をするときも録画を止めるときにも時間がかかり、フィルムカメラのように即座に指の動きに反応する「楽器」として使うことができない。メカスさんですら、ヴィデオ撮りの作品になると撮りっぱなしなっている。そこは真剣に考える必要があり、触ったときだけ音が出る楽器のようなデジタルカメラがほしいなと思っているところです。

初出「キネマ旬報」二〇一九年五月上・下旬合併号 No.1809

メカスさんの沖縄

木下哲夫

「友よ

一九六四年にジョナスが週一〇ドルの奨学金をもらえるようにしてくれたのは、たいへんに助かった。

ニューヨークに呼んで映画を上映させてくれたとき、恩人のひとりとなった。

ウォッカの飲みくらべで負かされたときには、びっくりした。

ぼくの自転車を食堂に何年も預かってくれたとき、これはただのともだちとはちがうなという気がした。

「小さな視線」をあつめた日記映画のスタイルを完成させたとき、ブニュエル、ブラッケージ、アンガーなど妬まずにはいられない堂々たる無頼漢の列にふくめないわけにはいかないなと思った。

娘にヨーグルトをとりわけてやるジョナスの姿をみて、なるほどと得心がいった。スプーンでヨーグルトをそっと分け、ひとつひとつ、少しずつ、かたちがくずれないように、ぐずぐずにならないように気をつけながら洗いたての白い皿にそっと置くのだ。とてもゆっくりと、ようく気をつけて。一口で消えてなくなる食べ物をとりわけるのに、これほど心をこめてあたるひとには、それまでただの一度しかおめにかかったことがない。ウィーンの夜明け、中央市民市場の調理場でのこと。「ただ切り刻むだけではいけないよ。ひときれひときれが、きみの口にはいるところを想いえがいてごらん」煮込み用の肉を切りながら、料理長はこう言った。

楽園がどんなものであれ、それが今、ここにあることをジョナスはよく知っている。慈しみのこもった気遣いはその鍵のひとつだろう。アルルカンのように、くめどもつきぬ慈しみを湛えて、ジョナスは身体を動かし、前に進み、おせっかいをやく。」

——ペーター・クーベルカ（木下哲夫訳）

沖縄ではとても気持ちのよい時間を過ごせた、とメカスさんはしきりに言っていました。沖縄のひとびとが岩や木々、土地に寄せる思いは、こども時代を過ごしたリトアニアの懐かしい家族や隣人たちの気持ちに近いし、料理を供する仕種まで似ている。そんな話を、沖縄を離れてからもメカスさんの口から聞きました。

備瀬の村で昔のままの暮らしぶりを垣間見、やぎとたわむれた後、路地を抜けて海岸に出るとそのままスタスタ靴を履いたまま歩みを緩めず、海のなかに入ってしまいました。海の名はと問われて「東シナ海」と応えると、何度もかみしめるようにその名をくりかえし、靄にかすむ伊江島を彼方に望み、同行した地元の友人たちのニライカナイはあそこにあるという説明に耳を傾けていました。

その砂浜を、きれいな小石や貝殻をさがして、こどものようにはしゃぎながらみなで歩き回ったのが本当に楽しい思い出になったようです。

これも東京に戻ってから、「沖縄では東シナ海に浸り、靴に塩水をふくませてホテルに持ちかえった」と語っていました。

ホテルに持ちかえったのは東シナ海の水ばかりではありません。三月二一日の夕刻、「象の檻」の周辺の泥濘を歩いた靴にはべったりと泥がつき、これまたホテルまで持ち主に同行したようです。たまたま取材中の記者に何をしにきたのかと問われると、「土地を返すように求めている地主を支援しにきた。自分の土地をとりもどそうと力を尽くしているひとへの連帯の気持ちを示すために、自分は今、ここに立っている」と答えていました。ヘリコプターがときおり低空を舞うなか、雨まじりに夕暮れる不穏な気配の空を背景に、たしかに獣でも収容するのにふさわしそうな通信施設の前に立ったメカスさんは、わずか四日間の滞在が敗戦後五十年経ってもまだ続いている沖縄の戦後の本当の終わりの始まりにもなりそうな節目の日にあたったことに、心を動かされたようでした。

前回一九九一年の来日のおりには日本へ向かう途上ソ連でクーデターが起こり、投宿したホテルのテレビには故郷リトアニアに侵攻するソ連軍の戦車の映像が流れていたのでした。それから五年を経て再び来日し、沖縄を訪れた翌日が基地使用の期限切れの日であったのは、なにかしら自分をそこにひきよせる運命の作用があったにちがいない、そうであれば、自分にも果たすべき役割があるのではないかと考えたようです。

今帰仁の城址では、ジュースの空き缶やお菓子の空き袋で半ばうまった屑入れを指して、「文明の成果といってもせいぜいあの程度」と冗談まじりに言っていました。

計画を立てるとひとは世の中を計画に合わせようとする。だから計画は立てないほうがいい。大きなことを考えると、自分以外のひとにもめいめいそれなりの事情があり、かけがえのない生き方があることを忘れがちになる。また木々や岩、大地や水、そして空気にもひとの生命に負けない重みのあることを見失いやすい。だから自分の身の周りの目の届く範囲のことを大切にしたほうがよいし、そうした積み重ねぬきに、一足飛びに広い世界について語るのは控えたほうがよい。四月一日に那覇で行われた実験映画の上映会につづく質疑応答で、メカスさんはそんな話をしていました。

備瀬に向かう道すがら、食堂でたべたビタローのバタ焼きは、こどものころ故郷の小川で捕った魚を、その日のうちにおかあさんが料理してくれたのに負けないくらい美味しいと感激していました。牧志公営市場二階の食堂でたべたグルクンの唐揚げも記憶に残る味のひとつ。食事を終えて海辺を走る車の窓から外を見ながら、こんもりと木立の繁る小島を見るなり、「あの島で暮らせたらいいのに」と穏やかな表情でつぶやいたのも印象に残ります。

メカスさんはしきりに「楽園のかけら」ということを言います。楽園のかけらは友との語らいの一時に、友と酌み交わす酒の心地よい酔いに、路傍に咲く小さな花を見いだした喜びに、木々の枝や葉をざわめかせて吹く風の肌触りに潜んでいる。心をしずめて身の回りをゆっくりとながめれば、「楽園のかけら」はいつでもどこでもすぐに見つかるというのです。メカスさんは身近な暮らしのなかで見いだした「楽園のかけら」をボーレックスのレンズで拾い集めて、友に送り届けたいと願っているようです。

メカスさんにとっては故郷のセメニシュケイが楽園であったのでしょう。故郷を追われたとき、楽園は粉々に砕けてしまったから楽園をそっくりそのまま取り戻すことは望めないけれども、破片を拾い集めることはできる。前方をバルト海、後方を沼地に守られ古い言語と自然崇拝を長く受け継いできたリトアニアと、南の海に浮かぶ小島で祖先と自然を大切にしながら暮らしてきた沖縄にはたしかに共通点が多くあります。その沖縄でメカスさんは楽園のかけらを無数に拾い集めたように思います。

このつぎはもっとゆっくりと旅をしたい。離島にも行ってみたい。メカスさんはそう言い残して去って行きました。

＊ジョナス・メカス氏は一九九六年四月一日から三日まで那覇市で行われた実験映画フェスティバルに参加するため沖縄を訪れ、筆者も通訳を兼ねて同行しました。本稿は沖縄タイムズの求めに応じて執筆し、一九九六年五月二八、二九日に同紙にやや体裁を変えて掲載されました。

メカスと沖縄と僕

インタビュー　髙嶺 剛
聞き手・構成＝金子 遊

僕はまだアメリカの占領下にあった沖縄から一九六九年に京都の大学の特修美術科に留学してきました。絵描きを目指していたわけですが、アメリカや日本のアンダーグラウンド映画を観て、その洗礼を受けた。特に好きだったのはスタン・ブラッケージの作品で、『窓・水・赤ん坊・動き』を最初に観たとき、妻のジェーンが自宅の風呂で水中出産するところを撮った美しいフィルムですが、ホームムービーの形式で完成させていることに感心した。

ジョナス・メカスの『リトアニアへの旅の追憶』を初めて観たのは、一九七三年で場所は京都大学の西部講堂でした。16ミリフィルムのプリントで、日本語字幕は付いていなかったので、メカスがモノローグで何を呟いているのか内容はわからなかった。それでも、リトアニアで詩を書いていたメカスがナチスドイツとソ連のせいで母国を逃げ出し、難民としてニューヨークに流れついたことは知っていたので、すんなり映画のなかに入っていけた。映像の部分だけを注視していても、純粋に美しい映画だと思いましたね。

その頃、僕はアートの勉強をしながら、8ミリフィルムで沖縄の風景ばかり撮るという行為をしていた。作品化を目指していたわけではなく、当時は美術の延長でフィルムを使うことを考えていて撮っていたのですが、後年になって段々と映画に近づいていくことになりました。ジョナス・メカスの『リトアニアへの旅の追憶』を観て、自分が撮影しているフィルムも映画にすることができる、というヒントをもらった気がします。子どもの頃に石垣島の加平で育って、それ以来戻っていなかったので、リトアニアへ二十数年ぶりに帰郷するメカスではないですが、僕も加平にもどって故郷をフィルムにおさめた。そうやって完成した映画が『オキナワン・ドリーム・ショー』（一九七四）という僕の処女作になった。ですから、僕の映画の師匠はメカスであり、それ以来私淑してきたといえます。

一九七四年に『メカスの映画日記』の翻訳本が出版されたときも、すぐに買って読みました。アンディ・ウォーホルの『エンパイア』とか、実際には観たことのないアメリカのアンダーグラウンド映画でも、あの本を読んでいれば観たような気になった。ジョナス・メカス本人に会う機会はないと思っていましたが、九六年に彼が沖縄を訪問することになった。本人に会うにはカメラでも持っていないとバツが悪いと考えて、沖縄への旅を映画に撮ることを口実のようにして師匠に近づいた。それは『私的撮夢幻琉球 J・M』（一九九六）という五四分の作品になりました。

メカスの荷物はカバン一つにボレックスのカメラを入れているだけで、最小限のものしか持ち歩いていなかった。沖縄の那覇にいて毎晩宴会をして、メカスが歌をうたい、僕も石垣島の民謡「つぬやーぬゆんぐとぅ」を歌いました。彼も沖縄が本土とは違うことをわかっていて、「僕は沖縄の言葉は理解できないけど、全部伝わっているよ」と笑っていいました。それから読谷村や沖縄本島の北部を旅してグスクを歩いたり、伊江島が見える備瀬の集落を歩いたりした。それが映画の前半です。後半は、メカスが去った後の沖縄に僕が残り、那覇でビデオを編集するところを撮影した。母親がメカスを見て「この人だれ？」といったりするところを入れこんで、メカスの沖縄旅行の記録というよりは、僕のホームムービーにしていった。メカスの影響を受けた人間として、そのように自分のスタイルを貫くことが良いのだと確信していました。

二〇〇七年にジョナス・メカスが主催するニューヨークのアンソロジー・フィルム・アーカイブで、僕の全作品上映があるので渡米し、再会しました。『パラダイスビュー』や『ウンタマギルー』など、すべて上映した。本人から映画への感想はあまりもらえなかったけど、感慨深かったですね。亡くなったという実感はまだ湧いてこないけれど、強い影響を受けた人がいなくなってしまったことに一抹のさびしさをおぼえます。

初出「キネマ旬報」二〇一九年五月上・下旬合併号 No.1809

写真＝大森克己

ニューヨーク、天使の詩（うた）

金子遊

イラスト＝住本尚子

この場で告白するが、二六歳のときに、ニューヨークのイースト・ヴィレッジにある、アンソロジー・フィルム・アーカイブでジョナス・メカスに会って以来、彼がしてきた仕事を真似て、日本で自分なりにやろうと努力してきた。個人で映画をつくり、小さな映画を擁護する批評を書き、自分たちの雑誌や上映運動を持つということ。わたし以外にも、世界中にそう思って活動している人が多くいるだろう。メカスがどこかで息をして、ワインを飲みながら笑ってさえいれば、直接会えなくても良かった。それが生きていく支えだった。今はまだ彼の写真を見るだけで、涙がこぼれてしまう。メカスの九六年の生涯を紹介するという喪の仕事をすることで、我を取りもどせたらと思う。

＊

映画作家としてのジョナス・メカスは、意外と遅咲きだったといえる。一九二二年にリトアニアに生まれた彼は、第二次世界大戦の最中、二〇歳そこそこで詩人として頭角を現わした。四三年から四四年にかけて祖国がドイツの占領下に置かれた時期に、地下新聞などの反ナチス運動に関わった。兄たちが逮捕されてメカスと弟のアドルファスは知人を頼って国外に亡命した。『メカスの難民日記』という著書は、ドイツの強制収容所や難民キャンプで過ごした五年の日常を題材にしている。難民たちの生の讃歌をうたい上げる日記文学のスタイルは、後年のメカスの日記映画さながらだ。

一九四九年に移民としてニューヨークに着いた二七歳のジョナス・メカスは、「旅はもうたくさんだ、ここにいよう」と決めてその都市に住みついた。工事現場や清掃の労働に従事しながら文学を続けたが、異国の地では難しく、詩に関しては母国語のリトアニア語だけで発表するようになった。その代わりに、ボレックスの16ミリフィルムカメラを中古で購入し、身のまわりの友人や知人を撮りはじめた。この頃のフッテージは、およそ二〇年後に『ウォールデン』（六九）や『ロスト・ロスト・ロスト』（七六）といった長編の日記映画に組みこまれることになる。

二〇代後半から三〇代のジョナス・メカスがどんな活動に情熱を見せたかというと、それは上映会を組織し、雑誌の運営をすることだった。ニューヨーク市立大学でハンス・リヒターの授業を聴講し、エイモス・シーゲルが主宰するシネマテーク「シネマ16」で、アヴァンギャルド映画に「映像による詩」の可能性を見いだしたメカスは、一九五三年から前衛映画の上映会をはじめる。六〇年代半ばからは継続的な「フィルムメーカーズ・シネマテーク」へと発展させ、ジャック・スミスをはじめとする実験映画の作家や作品を紹介する場となった。これが一九七〇年にはアンソロジー・フィルム・アーカイブスの開館へとつながり、散逸しがちな個人・実験映画を収集し、保管し、上映するための民間組織に結実した。その立役者は他ならぬメカスだった。

＊

その一方、ジョナス・メカスは一九五四年にアンドリュー・サリスらと共に「フィルム・カルチャー」という雑誌を刊行する。フランスでいえば「カイエ・デュ・シネマ」にあたるもので、作家主義の映画を批評し、アメリカのアンダーグラウンド・シネマを主導する役割を担った。この流れのなかで、五八年にニューヨークの週刊誌「ヴィレッジ・ボイス」に「映画ジャーナル」というコラムの連載をはじめ、アンダーグラウンド映画に光を当てていった。この連載は七六年まで継続して『メカスの映画日記』という一冊の奇跡のような書籍に結実し、実験映画のバイブルとして世界中で読みつがれている。ケネス・アンガー、スタン・ブラッケージ、ペーター・クーベルカ、ハリー・スミス、マリー・メンケンといった作家の作品を観ることができなくても、この本を読んで心を震わされ、個人映画や実験映画を志した人がどれだけいることか。

一九六二年になると、ジョナス・メカスは仲間たちと映画作家のための協同組合「フィルムメーカーズ・コーポラティブ」を立ちあげる。組合の主眼は、アンダーグラウンド映画のコレクションを配給して流通させることで、常に生活費に困っていた映画作家たちに収益を還元する仕組みをつくることにあった。このように足跡をたどってくると、メカスがニューヨークに舞い降りた個人・実験映画の守護天使であり、五〇年代から二〇一〇年代にいたるまで、そこに起きるできごとに寄り添い、見守ってきた中心人物であったことがわかる。

映画作家としてのジョナス・メカスは実験的な劇映画『樹々の大砲』（六一）と、リビングシアターの舞台を撮影したドキュメンタリー映画『ザ・ブリッグ（営倉）』（六四）で高い評価を得ていた。しかし、本当の意味でメカスが日記映画のスタイルを確立したのは六八年の『ウォールデン』を完成したときで、すでに四〇代後半になっていた。移民だった彼が二二年ぶりにリトアニアへ帰郷し、母親や家族を撮った『リトアニアへの旅の追憶』(七二)は代表作になった。中沢新一が「幸福の無数の断片」と形容したように、彼の日記映画は映像を断片的な記憶として扱い、そこに詩人ならではの美しい言葉をボイスオーバーでかぶせるのが特徴である。

日記映画のスタイルを確立するためには、即興的に演奏できる楽器のようになるまでカメラの操作に習熟する必要があり、それで年数を要したのだろう。五〇代以降のメカスは、撮りためたフィルムを記憶を紡ぐように編集していき、『いまだ失われざる楽園、あるいはウーナ3歳の年』(七九)、『時を数えて、砂漠に立つ』(八五)、『セバスチャンの教育、あるいはエジプトへの回帰』(九二)といった日記映画の傑作を発表していった。これらの作品が妻子や家庭を撮ったホームムービーであり、親しい友人たちや旅で出会った人たちの記録映像になっていることは偶然ではない。ジョナス・メカスは「自分がつくった映画が自分の人生と一致する」稀有な作家であった。この詩人が撮り続けたのは「人生の記憶」という終わりのない一本のフィルムであり、本物の守護天使になった今も、彼のフィルムだけは地上にとどまり、幸福に輝いている。

初出「キネマ旬報」二〇一九年五月上・下旬合併号 No.1809

アタシがジョナス・メカスだった夏
『ファクトリーの時代』そして『ロスト・ロスト・ロスト』

石原海

二〇一三年の夏終わり、アタシはニューヨークにいて、二〇歳で、ジョナス・メカスだった。ジョナス・メカスだった、というのはつまり、ジョナス・メカスのような夏を過ごしたということである。アタシは大学を休学して貯めたお金で、ニューヨークの安ホステルに一ヶ月滞在していた。

はるばるニューヨークまでひとりぼっちでやって来た大きな理由は、二〇一二年にときの忘れもので観たジョナス・メカスの映画『ファクトリーの時代』がきっかけだった。この映画は、メカスがアンディー・ウォーホルのファクトリーについて回想しながら、ニューヨークをただあっちこっち歩いているだけの映画なのだけれど「話してるだけ、歩いてるだけ、それだけ」の映画の持つパーソナルな魅力にあっという間に夢中になってしまった。当時のアタシは、映画を撮りたいと思いつつ、ちゃんと映画を撮ったことのない自分にイラついていて、映画監督になりたいのに、どうしたらいいかわからないまま日々をもてあましていた。でもメカスを知ったあと、彼の映画の持つ奇妙な説得力、何よりもカメラとそして自分自身が詩人であれば映画を作ることができるということ、劇映画ではない、お金のあまりかからない「アタシだけの」映画が存在することに感激して、気づいた時にはメカスの虜だった。例えばウォーホルがプロデュースしたヴェルヴェット・アンダーグラウンドを聴いて、これなら自分にもできると人々がワッとバンドを始めたように、メカスの映画を観てアタシは、（いま思えば完全に若さゆえだが）これならアタシにもできる、と思ったのだ。つまり、メカスはアタシに作ることへの原動力をくれた作家となった。いつまでも人々の心を掴み、寄り添ってくれる作家というのはそうゆうタイプ、自分を突き動かしてくれるタイプの人たちである。

そしてアタシは『ファクトリーの時代』を観た一年後に、この映画の舞台となったニューヨークにやってきた。すべてのアンダーグラウンドな文化を愛する人がそうであるように、アタシはずっとニューヨークに憧れていたし、何よりもここはジョナス・メカスの設立した映画館、アンソロジー・フィルム・アーカイヴズが存在している街でもあった。アタシはまだ何者でもなかったけれど、この街でなら、何か自分の未来の手がかりが見つかるかもしれないと思ったから。

でも、実際はあんまり上手くいかなかった。アンソロジー・フィルム・アーカイヴズを何度か訪れてもそこにジョナス・メカスはいなかったし、街を歩き回っても手にしたカメラで何を撮ればいいのかわからなかった。知り合いはいないしお金はないし、ここは、思い描いていた場所とはかけ離れた、自分の何者でもなさを痛感させる街だなと思い知る。どうしていいかわからず途方にくれて、アタシはいつも真夜中、ニューヨーク中を歩き回った。昼間にひとりでいるのは自分が孤独だと認めているようでしんどくて、昼間に寝て、そして夕方に起きる生活をしていた。穴蔵のような、窓がなく汚く湿った安ホステルで目が覚めるたび、『ロスト・ロスト・ロスト』の中で、孤独なメカスがニューヨークで生活している姿が浮かんだ。リトアニア語なまりの英語でゆっくりと話すメカスの声が頭の中で響く。「あまりにも長い、一人の夜。たくさん歩いた。マンハッタンを、夜通し歩いた。」孤独には慣れっこだから、ひとりでニューヨークに一ヶ月来ても問題ないと思っていたけれど、こんなにも長い間、完全な孤独を過ごしたのは初めてだった。そして、夜がこんなにも長いなんて知らなかったよ。

ある晩（というよりは、毎晩あらゆるクラブに通い詰めていた。夕方に起きて、サンドイッチをつまんだあとレイトショーで映画を観て、そのままクラブに行った。孤独な魂を癒してくれる場所は、いつだって闇に溶けることのできる暗闇の箱のなかにある。）いつものようにアタシはクラブに行っていた。その日はブルックリンのウェアハウスで開催されている、東京でも行ったことがあるナイト・スラッグスという音楽レーベルのパーティーだった。クラブに入ったあと、アタシはバーカウンターでクソ高いアサヒビールを注文する。ニューヨークに来てもう三週間も経った頃だったので、なんだか日本が恋しかった。ジョナス・メカスは、故郷のリトアニアから遠く離れて帰る場所を失い、そんな状況の中ニューヨークで暮らしていたのかと思うと、一応は帰る国のある自分の甘っちょろさに恥ずかしくなる。日本が恋しいとか思いながらも、日本人であるアタシはニューヨークのクラブで日本産のビールだって飲める環境にあるのだ。土地を奪われた人にできることは旅することであり、言語を奪われた人ができることは、詩のように言葉を話すことなのかもしれない。メカスはきっと、詩のように英語を話していたのだろう、と考える。アタシも、英語が完璧でない代わりに、詩のように自由に言語を扱ってゆけたらどんなにいいだろう。

もうそろそろ帰ろうかなと思ったくらいのタイミングで、ちょっと年上くらいの男の子が話しかけてきた。少し会話をしたあとビールを奢ってくれると言うので、そのまま一緒にバーカウンターのほうまで行く。話していると、ニューヨークフィルムフェスティバルのインターンの仕事を手に入れて、ワシントンの郊外から一人でニューヨークを二週間ほど訪れているらしい。初めてのニューヨークで知り合いもいないまま一人でクラブに来たと彼が言っていたので、アタシと一緒だね、と二人で弱々しく笑った。そして、この日の出会いがきっかけで、アタシはニューヨークフィルムフェスティバルの無料パスと友人を手に入れ、残りの一週間はさらに映画漬けの日々を送った。孤独な魂を癒してくれるのは映画と音楽だけだし、そして、孤独から救ってくれるのも、いつだって映画と音楽だけだった。

思い描いていた『ファクトリーの時代』のような、ニューヨークのアンダーグラウンドに触れることはできなかったし、アンソロジー・フィルム・アーカイヴスを訪れてもジョナス・メカスには出会えなかったし、結局なんの映像も撮ることもなく、あっという間にニューヨークでの一ヶ月が終わってしまった。理想のニューヨークとはかけ離れた日々だったけれど、たくさん映画を観て、たくさんクラブで踊って、最後に一人だけ映画好きの友人を手に入れた。ニューヨーク最後日、この新しい友人が空港まで送ってくれた。空港に着いた頃にはちょうど夕方、陰りゆく夕陽に輝く飛行機をフェンス越しにふたりでずっと見ていた。ハグをしたあと、彼は息をひそめて「なんだかラ・ジュテみたいだね」と、言うのでアタシは笑ってしまう。どこまでも映画が好きなんだなあ。

ジョナス・メカスの夏を過ごした二〇歳と、最後の一週間を一緒に過ごした映画好きの男の子。どうにか彼の名前を思い出したいけれど忘れてしまった。本当に、まったく手がかりがないのだ。覚えていることと言えば、君が内緒でやっていたこと、大好きな映画監督であるジョナス・メカスの映画を、違法でインターネットにあげていたことである。まるで美しい罪でも犯しているかのように、こっそりと教えてくれた。「だいたい二〇〇〇回再生される頃にはアカウントが消されてしまうんだ。でも僕はメカスの映画を世に、そしてかつてのメカスみたいに金がない人たち、根がない人に、どこでもアクセスできるインターネットを通して伝えなければいけなと思っている、だから違法なことだと知っていても、みんなが忘れた頃にまた、僕はインターネット上にメカスの映画をあげるんだ。なぜならメカスは、僕たちのメカスだから。」ジョナス・メカスのことを検索したとき、時折見つけることができるメカスの映像作品は、あの男の子がワシントンの郊外で、たったひとりで密かにあげていたものだった。それを知っているのは、アタシしかいない。そして、あの夏の終わり、アタシは完全にジョナス・メカスだった。

村山匡一郎
越後谷卓司
金子遊
菊井崇史
佐々木友輔
吉田悠樹彦
齊藤路蘭
井戸沼紀美
井上二郎

写真＝大森克己

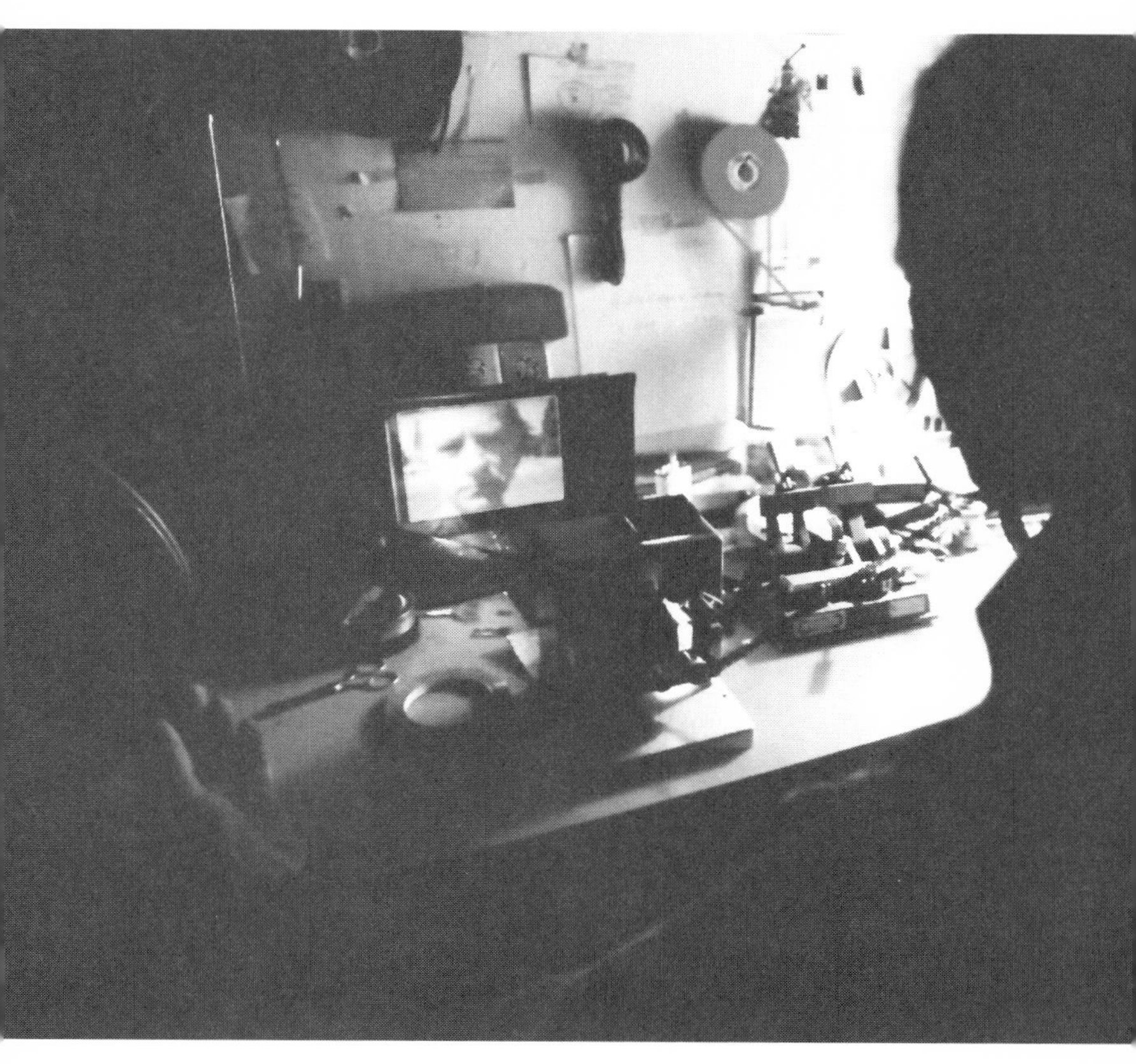

ジョナス・メカス、あるいは記憶・リズム・身体

村山匡一郎

映画が誕生してから一二五年、いったい幾多の映画作家や映像作家が生まれてきたのだろうか。もちろん、劇映画という狭い分野ばかりか、ドキュメンタリーやアニメーション、また実験映画や個人映画といった膨大な映画領域においてである。そうした映画・映像という幅広い領域において少なくとも見ることができた映画のなかで、筆者にとって、作品が深い印象をもたらすたいへん魅力的な映画作家の一人がジョナス・メカスである。

確かに、例えば劇映画の分野には小津安二郎やロベール・ブレッソンといった作品を見る度に映画への思いを心に刻み込まされる映画作家たちもいるのだが、そうした商業映画の枠内で活躍してきた映画作家に対する感慨とは異なったものをジョナス・メカスという映画作家には感じるのである。おそらく一言でいえば、ジョナス・メカスの作品を見る度に湧き起こる映画を作りたくなる衝動とでも呼べるものだろうか。商業映画の枠からの逸脱、個人の思いに根ざした制作態度、映画はこうあるべきという慣例的な手法に囚われない表現……つまり、映画の自由ということである。

今から六〇年前の一九六一年夏、「ニュー・アメリカン・シネマのための第1宣言」というマニフェストが「フィルム・カルチュア」誌（第二二・二三合併号）に掲載された。起草したのはジョナス・メカスだが、よく知られるように、このマニフェストは「観客にバラ色の夢を与える映画でなくてもいい。われわれの欲しいのは血の色をした映画なのだ」[1]という有名な言葉で締めくくられている。このマニフェストそのものはハリウッド映画に対抗するカウンターという意味が大きいが、「血の色をした映画」とは、アンチ・ハリウッド

以上に、個人個人に流れる血と深読みした方がいいだろう。それはまさに個人映画の作家の血といった方がいい。

記録すること

「土曜日、ついに、私たちはボレックス16を手にした」[2]……知られるように、ジョナス・メカスは反ナチス活動の嫌疑から逃れるため一九四四年七月に弟のアドルファスと一緒にリトアニアの故郷を去った。そしてドイツの難民収容所などを転々としながら、一九四九年一〇月にニューヨークにたどり着いた。ニューヨークではレンタル・カメラを使って友人たちや街の風景などを撮影していたが、一九五〇年五月の土曜日に友人たちから借金してボレックスの16ミリ・カメラを手に入れた。ここからまさに日記のように日々の出来事の記録を撮り始めることになる。

ジョナス・メカスは一種の記録魔といえる。例えば、故郷を去ってから難民として寝食に事欠くような五年間にあっても、のちに『メカスの難民日記』としてまとめられる膨大な文章を書き綴っている。自分の身の周りに起こった出来事を過酷な状況のなかで絶えず記録し続けること。たとえジョナス・メカスが青年時代から詩作をして文章表現に親しんでいたとしても、この記録への執着は並外れたものといわざるをえない。こうした記録することに対する熱意は、おそらくジョナス・メカスにとって生きることへのエネルギーと同じものだったにちがいない。

そうだとすれば、映画ファンだったジョナス・メカスが16ミリ・カメラでその時その時の自分や友人の姿、また生活風景を撮影したいと思ったとしても何ら不思議ではない。当時としては、文章を除けば、映画が世界を記録する最良のメディアだったからだ。むしろ驚くべきことは、ジョナス・メカスがハリウッド映画に代表される商業的な劇映画に向かうことがなかったことである。今だから実験映画や個人映画が市民権を得ており、ジョナス・メカスはその巨匠の一人として尊敬を集めているが、第二次大戦直後の世界の映画はフィクションとしての劇映画を中心とした商業体制が確固として構築されており、それ以外の映画は映画として認められていなかったからである。

理由は多々あるだろう。難民としてニューヨークにたどり着いたジョナス・メカスにとって、カメラで撮影することで自分たちの生活を記録に留めておくこと、詩作という文章表現の傍らで映像によって同じような表現を試みること、あるいはわずかながら存在した非商業的で実験的な映画を見てきたこと、などなど。実際にはジョナス・メカスは、商業的な劇映画も数多く見ていたようであり、そうした劇映画への良し悪しの判断や不満などが溜まっていたようである。彼が一九五八年一一月から「ヴィレッジ・ヴォイス」に書き始めた映画評の抜粋をまとめた『メカスの映画日記』[3]を読むと、そのことがよくわかる。

記憶としてのイメージ

いずれにしろ、ジョナス・メカスは一九五〇年を前後する頃からボレックスで撮影を始めるが、それは映画のためではなかった。もっと正確にいえば、映画作品として直ちに仕上げるために撮影するという意味では、映画のためではなかった。もしかしたらジョナス・メカスには作品として完成させる欲望があったのかもしれない。あるいは主に経済的と思われる何らかの事情によって延期されたのかもしれない。いずれにしろ、その時に撮影され記録された映像は、直ちに編集されて作品として仕上げられることなく、いわば撮りためた記憶として蓄積されることになった。

この記録としての映像から記憶としての映像に転移する意味は大きい。記録された映像は、たとえ事実としての存在そのものではなく映像上に映り込んだ存在の反映だとしても、撮影者にとって、その存在感は揺るぎない指示性と伝達性を持っている。それに反して、記憶としての映像は、撮影された過去時制が遠ざかれば遠ざかるほど、存在感に曖昧さがまといつく印象が強い。とりわけ撮影者にとっては、その処理の仕方いかんでは詩的雰囲気を帯びたような表現に向かうことが可能となる。同じように記録された映像でありながら、その映像が発する意味にいわばズレが生じてくるようになる。

こうした撮りためた記憶として蓄積された映像から作られた作品は幾つかある。例えば、日本でいえば、かわなかのぶひろの『私小説』（一九九六）が好例だろう。この作品は映像作家のかわなかのぶひろが撮りためてきた過去の映像から、文字通り交友関係の記憶を紡ぐ形で、コマ落としや多重露光などの手法を駆使しながら記憶の流れを創造している。だが、こうした記憶の映像を意識的に活用した映画はいつ頃から生まれたのであろうか。例えば、アメリカ実験映画の先駆として評価が高いマヤ・デレンの『午後の網目』（一九四三）の映像もその完成のために撮影されたものである。そうだとすれば、こうした撮りためた映像を記憶の映像として活用する表現は第二次大戦後のことであり、おそらくその最初の映画作家がジョナス・メカスだったのではないかと思われる。

ジョナス・メカスは「日記映画」という分野を切り開いた映画作家である、としばしば言及される。実際、ジョナス・メカスは「１９５０年以降、私は映画日記（Film Diary）を撮り続けてきた。ボレックス・カメラを持って歩き回り、出来事や友人たち、ニューヨークの街や季節の変化といったその場の現実にカメラを向けた。ある日には10コマ、別の日は10秒、また別の日には10分ほど撮影した」[4]と述べている。その撮影した「映画日記」が『ウォールデン』（一九六九、最初のタイトルは「日記・ノート・スケッチ」、一九六四～六八年に撮影された映像）であり、『ロスト・ロスト・ロスト』（一九七六、一九四九～六三年に撮影された映像）であり、『時を数えて、砂漠に立つ』（一九八五、一九六九～八四年に撮影された映像）である。

確かにジョナス・メカスは、書き慣れた日記を認めるように、日々の出来事や友人たち、また街の風景などをボレックス・カメラで撮影した。だが、日記には当然のように日付が書き込まれる（書き忘れることもある）ことがあるが、日々撮影される映像には直接的に書き込まれることはない。例えば、『ロスト・ロスト・ロスト』のリール1からリール3までは一九五〇年頃からの難民生活を送る自分たちや友人たち、またリトアニアからの人々の集会、そして「フィルム・カルチャー」誌の創刊などが年代順に描かれているが、それらの映像が何年の何月何日に撮影されたかは観客にとってわからない。音と音楽とコメントという三つの要素が基本的にリズムづけられて重なりながら、クロノロジカルな記憶の流れのようにたゆたう印象が強い。

実際、過去に撮りためた膨大な映像を、時間を隔てて編集するときの映画作家の心情とはいかなるものだろうか。少なくとも編集時の記憶に基づいて過去の映像を再度見直す形になるのではないか。そうだとすれば、編集された完成作品は、当時の撮影された出来事や人々などの被写体の現実性や撮影者との関係性よりも、編集時の映画作家の記憶のあり方に影響されることの方が大きいはずである。したがって、たとえ過去の撮りためた映像に年月日の日付が忘備録のように付けられていたとしても、それらの編集された映像の流れは映画作家の記憶に取り込まれた世界になるのではないだろうか。ジョナス・メカスの日記映画は彼の記憶の映画といえる。

ドキュメンタリーからの変容

ところで、先に触れた『ロスト・ロスト・ロスト』のリール1からリール3は、ドキュメンタリー的な映像感覚の印象が色濃く感じられる。というのも、リール5やリール6になると彼特有のコマ撮りによるリズミカルな編集が目立つようになるからであり、それらの映像の流れと比べると、それ以前の流れはいわゆるドキュメンタリーの映像に近いようにみえるからだ。おそらくジョナス・メカスがボレックス・カメラで撮影を始めた当初、あるいは一九五〇年代は、その後のジョナス・メカスの映画スタイルとして知られるものと違って、周囲の世界を記録することに焦点が当てられていたのではないだろうか。

最初に触れたように、ジョナス・メカスは一九六一年に「ニュー・アメリカン・シネマのための第1宣言」を起草しているが、それに参加した映画人や宣言で触れられた映画人たちには実験映画や劇映画の映画作家と並んで、例えば『バワリー25時』（一九五六）のライオネル・ロゴージン、『真夏の夜のジャズ』（一九五九）のバート・スターンたちドキュメンタリー映画作家も含まれている。もちろん、このマニフェストは新しい世代による新しい映画の台頭を宣言しており、ハリウッド映画に代表される旧弊な映画を批判することが目的であった。その背景には、劇映画、ドキュメンタリー映画、実験映画などの間に当時は歴然とあった障壁を打ち破り、それらを止揚した新しい映画のイメージがあった。だが、ジョナス・メカスにとってはわりとドキュメンタリー映画の比重が大きかったように思われる。

このマニフェストの翌年の一九六二年、ジョナス・メカスは「ニュー・アメリカン・シネマについてのノート」という文章を「フィルム・カルチュア」誌第二四号に発表している。[5]これは前年のマニフェストを補う形で新しい映画作家たちを中心に取り上げたものだが、興味深いことには、最初に触れられるのはドキュメンタリー映画作家たちが多いことだ。誤解のないように触れておくと、ジョナス・メカスはドキュメンタリー映画だから評価しているわけではない。リチャード・リーコックと並んでジョン・カサヴェテスにも言及している。つまり、新しいアメリカ映画の資質を見せる映画作家を取り上げているのだが、わりとドキュメンタリー映画作家が多いのである。おそらくイギリスのフリー・シネマなどに影響されたアメリカのドキュメンタリー映画の新しい波が背景にあったからだと思われる。

ジョナス・メカスによれば、ドキュメンタリーでもドラマでも、そうした新しい映画は「映画詩」ということになる。例えば、『キューバ・シ』、『ヤンキー・ノー』、『プライマリー』、『エディー』といったリチャード・リーコックの一九六〇年の一連の作品に触れながら、「生活、その詩性、その散文体を記録するカメラの無限の可能性を改めて示した[6]」と評価している。したがって、ジョナス・メカスのいう「映画詩」を、映画史上でしばしば語られるようないわゆる詩情を称えた映画と同じにとらえることは避けなければならないだろう。それは新しい映画のフォルムであり、スタイルであり、技術的には新しいカメラの使い方でもある。

とはいえ、その根底には新しい映画に向けた姿勢が問われている。「ニュー・アメリカン・シネマについてのノート」の結びで「ハリウッド映画を拒絶するのは、芸術的な良し悪しの問題ではなく、生活に向けられた新しい態度の問題」であり、「私たちが作っている映画は、作りたい映画ではなく、作らなければならない映画である」[7]と語っているように、ジョナス・メカスにとってニュー・アメリカン・シネマとは、映画作家の生活理念や精神や心情を自らに問いかけるような映画を意味していたといえる。

リズミカルな映像感覚

この一九六〇年代初めからジョナス・メカス自身は新しい映画の試みとして『樹々の大砲』（一九六二）や『営倉（ザ・ブリッグ）』（一九六四）などを発表しているが、どちらもフィクショナルな要素が強いものだった。例えば、前者に関して「伝統的な叙述法の最後の残滓を払拭する試みだった」[8]と述べており、またザ・リヴィング・シアターの出演による後者に関しては「芝居の脚色ではない。それは映画化された芝居だ」[9]と語っている。

やはりジョナス・メカスといえば、先に触れた日記映画になるだろうか。撮りためた過去の映像から構成された彼の日記映画は、一度見たらワクワクするような感情が湧き立つ不思議な魅力に囚われてしまうからだ。

その最初の作品が一九六九年の『ウォールデン』である。筆者が見たのは一九八九年に池袋のスタジオ200においてだったが、その時のフィルムは一九八八年に再編集されたヴァージョンだったと思う。それ以前に『ロスト・ロスト・ロスト』と『時を数えて、砂漠に立つ』はすでに見ていた。これに『リトアニアへの旅の追憶』（一九七二）を加えて、ジョナス・メカスの最良の日記映画にはすっかり魅了されていた。

この『ウォールデン』は、先に触れたように一九六四〜六八年に主に撮影されたものを編集しており、家族や友人、旅行（マルセイユなど）、ピクニックやハイキング、サーカスやスケート場、街の火災や雪景色、反戦デモなどが次々に写し出され、友人や知人にはアダムズ・シトニー、スタン・ブラッケージ、カール・ドライヤー、グレゴリー・マルコプロス、アンディ・ウォーホル、ハンス・リヒター、ジョン・レノンとオノ・ヨーコなど見ていて飽きることはない。面白いのは、例えば、カシスの港における日の出から日没までの一日の光のあり方をスピードアップで見せたり、冬の雪合戦のシーンにジャン・コクトーの声を重ねて『詩人の血』（一九三〇）を想起させたりしている点である。

もちろん、そうした表象された世界の魅力も大いにあるとはいえ、ジョナス・メカスの映画の輝きは何といってもそのスタイルにある。コマ撮り、多重露光、スピードアップ、光線引きなどの撮影手法を駆使し、カラー映像やモノクロ映像が混じり合い、ショパンのピアノ曲や騒音、また彼自身の声によるコメントが重なり、映像と音を巧みにアレンジしながら素早い編集で次々と変容していく映画世界。そこではいわゆる「意味されるもの」が希薄化し、「意味するもの」はイメージとしてとどまりながらフィルム全体のイメージへと変貌していくが、その核心にあるのはリズミカルな撮影や編集や構成に由来するといえる。

この点に関して、ジョナス・メカスは次のように語っている。「自分の作品の中でどういう要素が重要かはわかりませんけれども、あえて私の作品の何が見る人に影響を与えているのかを考えると、一つ一つの断片であるよりも、全体のリズム、そして光が効果を与えているのだと思います。なぜなら、それらを生み出しているものこそ、私の本性だからです」[10]と。この証言は重要である。ドイツの心理学者で哲学者でもあるルートヴィヒ・クラーゲスによれば、拍子（タクト）とか調子（トーン）とか精神的な運動と異なって、リズムは身体的で根源的な運動であり、「事象や形態をリズム化するものの正体は生命そのものである」[11]とされる。ジョナス・メカスの映画世界が生み出すリズミカルな輝きは、まさに彼の「生命」を体現しているといえるだろう。

身体としての映画

ジョナス・メカスの映画（表現）の核心がリズムにあるとすれば、彼の映画を身体論的に考えることは可能ではないだろうか。そもそも撮影の際にカメラをどう動かし、またどれだけシャッターを押すのかということも身体に関わることである。あるいは編集に際してワンショットやワンシーンの長さを決めるのもかなり身体的なリズムに左右されていると思われる。実際、このショットは何秒、このシーンは何分と頭で考えても、それが面白いショットやシーンになるとはかぎらない。さらにいえば、スクリーンを見る観客も個人個人の身体的なリズムに委ねられているといえる。そう考えると、映画（あるいはほかの表現も）の制作も受容もかなり身体的な要素に浸されているように思われてならない。

ジョナス・メカスの作品のような個人映画の場合、その身体性のかかわりはかなり高いといえる。商業的な劇映画の場合も、身体性に依存していることは確かであるが、昔から受け継がれたプロフェッショナルな慣習や約束事などで身体的には画一化され、それによって世界の誰もが受容可能な基準を保ってきた。それに対して、個人映画は映画作家自身の身体性が顕在化するほど魅力的になるにちがいない。たとえ表象された世界やそのための方法が異なっているにしても、例えば、ジョナス・メカスの映画はジョナス・メカスの映画として魅力的であり、スタン・ブラッケージの映画はスタン・ブラッケージの映画として魅力的である。したがって、この身体性という意味で、個人映画はまさしく個人映画であるといえるだろう。

ジョナス・メカスはまた次のように語っている。「ただ確かなのは、詩を書いてきたのも、映画を撮ってきたのも、今回のような作品［注：静止した映画のこと］をつくっているのも、発生源はすべて「私」だということです。「私」という人間の性格や身体は一つですから、媒体が違っても、同じようなリズムがあったり、似たような内容にこだわっていたりするわけです[12]」。作家、あるいは表現者とは一つの身体を持った「私」である。言い換えれば、個人映画に体現される身体性とは私性以外の何ものでもない。確かに既製の映画システムにおいてはさまざまな身体性が絡み合っているが、個人映画は映画作家自身の身体に依拠して私性を全面に押し出すことが可能である。そこにこそジョナス・メカスの日記映画に代表される個人映画の自由な表現とその革新性の魅力があるだろう。

1 『アメリカの実験映画』アダムズ・シトニー編、石崎浩一郎訳、フィルムアート社、一九七二年、二八一頁。
2 『メカスの難民日記』ジョナス・メカス、飯村昭子訳、みすず書房、二〇一一年、二六〇頁。
3 『メカスの映画日記』ジョナス・メカス、飯村昭子訳、フィルムアート社、一九七四年、改訂版一九九三年。
4 JONAS MEKAS , Pip Chodorov (Ed.) , Paris Expérimental , p87.
5 EXPERIMENTAL CINEMA , THE FILM READER , W・W Dixon & G・A Foster (Ed.),Routledge , pp53-70.
6 同上、p57.
7 同上、pp69-70.
8 同上、p60.
9 JONAS MEKAS , p71.
10 『フローズン・フィルム・フレームズーー静止した映画』ジョナス・メカス、木下哲夫訳、河出書房新社、一九九七年、五一頁。
11 『リズムの本質』L・クラーゲス、杉浦実訳、みすず書房、一九七一年、一〇三頁。
12 『フローズン・フィルム・フレームズーー静止した映画』五〇頁。

「映画国」のエヴァンゲリスト
一九六〇〜九〇年代のメカス受容から

越後谷卓司

1　二〇一九年、山形

昨年の「山形国際ドキュメンタリー映画祭 2019」開会式で、ジョナス・メカスの短編『富士山への道すがら、私が見たものは…』（一九九六年）が上映された。本作は同映画祭内の特集「二重の影2　映画と生の交差する場所」に選出された作品に位置づけられるが、それが映画祭全体のオープニングを飾る作品となったことの意義は大きい。

「山形国際ドキュメンタリー映画祭」は、ドキュメンタリーと呼ばれるジャンルを対象としているものの、厳密に現実を客観的に記録し、後世、歴史の検証に役立つような映像作品といった、狭い範囲に作品を限定するのではなく、作家が自分の作品はドキュメンタリーであると規定してさえいれば、どんな作品であってもエントリーが可能である、というスタンスに立っている。

ジョナス・メカスは、実験映画、アンダーグラウンド映画、インディペンデント映画を代表する作家とされるが、特別な事件や出来事にだけカメラを向けるのではなく、そのような事象も含めて日常的にカメラを廻し、家族で過ごす何気ない日々なども記録し、ある一定の時間が経過した後に、それら撮り溜めた素材を編集し作品化する、「日記映画」と呼称される手法の創始者としても高く評価されている。つまり、実験映画という、カメラによる現実の客観的記録とは対極的に、画像を歪ませて非具象、抽象化してしまったり、あるいは既存の映画文法やセオリーを無視したり、さらにはより意識的に破壊する等、多種多様で何でもありと言ってもよいジャンルの中にあっても、ドキュメンタリーに近いスタンスに立つ作家である、といえる。だから二〇一九年の「山形」で、とりわけ最重要セレモニーの一つといっていいオープニングに、メカス作品が選ばれたのは画期的であることは確かだが、特別奇異なことではなく、これらの文脈さえ認識していれば、十分に理解可能で必然的とも受け止められる出来事だった。この年の一月にメカスは九十六歳で逝去しており、メカス追悼的なニュアンスもあったかもしれない。

メカスは公式に「山形」に参加したことはなかったが、一九九一年、「メカス1991年夏—ニューヨーク、リトアニア、帯広、山形、新宿」と題して、メカス作品を上映するとともに作家本人を招き、トークや彼の母語リトアニア語による詩の朗読を行うイベントに際して、山形を訪れていた。このイベントはメカス日本日記の会が全体を主催していたが、山形開催に際しては、山形の詩人グループ・凪の草稿と、「山形」の支援や自主上映活動を行っていたシネマネットワーク（現・YIDFFネットワーク）の三者協同により実現したものだった。だから広い意味でメカスは「山形」ゆかりの作家である、と認識していいのかもしれない。二〇一九年は、初回の「山形」が開催されてから三十年の節目でもあった。この記念すべき年のオープニングにメカス作品が選ばれたことを、私はある種の幸福感を持って受け止めつつも、できれば生前、この映画祭の本祭にメカスを招くなり作品を上映するなりの機会を設けられなかったのか、という思いもよぎってしまったことを告白せざるを得ない。それは、「山形」のメカスに対する篤い敬意を感じつつも、我々は彼に対してまだ何か出来たのではないかという悔いのようなもの、と言えばよいだろうか。メカスは、実験映画等の枠組みを超えて、「山形」はもちろん、日本で敬愛された特別な存在だった。そしてメカスの存在が日本の映画環境にもたらした貢献と、その大きさ、重さを、今、メカスについての文章を綴ることで強く感じている。

2　一九六〇年代から七〇年代へ

ジョナス・メカスの名前は、アメリカのアンダーグラウンド映画を代表する人物として、一九六〇年代より日本で知られていた。ただし作家というよりも、この動向を組織し牽引するオルガナイザーという側面が強かった。例えば、映像作家のかわなかのぶひろは、『世界映画資料』一九六〇年一月号に掲載された、メカスの「自由な映画を目ざして――アメリカ映画の新しい波」（訳・三木宮彦）と題した小論に大いに勇気づけられた、と回想している。[1] 当時、映画制作を志す者は「撮影所に入るかドキュメンタリーのプロダクションに籍をおくほかに道はなかった」[2] が、そうではないインディペンデントな映画作りの道を示唆された、という。金坂健二の『映画は崩壊するか』（一九六八年）や、松本俊夫の『映画の変革――芸術的ラジカリズムとは何か』（一九七二年）でも、メカスは実験映画ないしインディペンデント映画を組織化した、あるいは主導する人物として認識されている。[3]

一九六七年に、草月シネマテークの「アンダーグラウンド・フィルム・フェスティバル」（於：草月会館ホール、東京赤坂）で『樹々の大砲』（一九六一年）が上映され、作家としてのメカスも日本で紹介されたものの、観客にフィルムメーカーとしてのメカスが強く印象づけられるのは、一九七三年にフィルムアート社の配給により、『リトアニアへの旅の追憶』（一九七二年）が公開されてからだった。配給といっても全国一斉公開といったロードショーではなく、東京新宿の紀伊國屋ホールで、いわゆるホール上映という形で始まったものが、全国の自主上映団体がレンタル・スペースを借りての上映会や、公立の美術館で併設される講堂を使っての上映等、限られた回数での地道な活動である。

さらに、この動きを引き継ぐように出版された、メカスが「ヴィレイジ・ヴォイス」誌に執筆してきたコラムをまとめた『メカスの映画日記』（一九七四年、訳・飯村昭子、フィルムアート社）の存在も大きい。メカス自身は、自分は評論家ではないと認識しているので、この書籍を評論集と呼ぶのははばかられるが、実験映画を擁護し、この運動を推進してきた人物であるにも拘わらず、このジャンルの作品に留まらず、チャップリン、キートン等古典と認識していいサイレント映画から、ジョン・フォードやハワード・ホークスといったアメリカを代表する監督や、ジャン＝リュック・ゴダールらヌーヴェル・ヴァーグの作品、さらには低俗と見なされるポルノ映画に到るまで、およそジャンルの区分を無視するかのように縦横に、熱い言葉が綴られているこの書物は、もしかすると彼の映画以上に広範に支持され、ロングセラーとして読み継がれたといっていいかもしれない。

映画に留まらず演劇や舞踏（暗黒舞踏）に代表されるダンスなど、ジャンルを横断、越境する形でアンダーグラウンド文化のムーブメントは勃興し、社会的流行現象として六〇年代を席巻していった。だから、六〇年代は華々しくも過激でアナーキーな、いわゆるアングラの時代として認識されているが、むしろその最良かつ精緻な成果は、表面的なにぎやかさが沈静化した七〇年代において、ゆっくりと染み渡るように定着していったと見ていい。我々がアングラ・ブームとやや時期を違える形でメカスの映画と著述の代表作を受け取ったことは、むしろ幸運だったといえよう。

3　一九八〇年代のメカス

一九八三年末に『ロスト・ロスト・ロスト』[4]（一九七六年）が日本で初公開され、メカスは初めての来日を果たす。メカスのライフワークといっていい「日記・ノート・スケッチ」シリーズを構成する、約三時間に及ぶこの大作の公開と、『リトアニアへの旅の追憶』公開以来、待ち望まれていた作家本人の来日は、実験映画に留まらず日本の映画界に刺激を与えたことが、当時の雑誌記事等から窺える。

まず、実験映画や自主制作映画を軸に、劇映画はもちろん、ビデオ等の新しいメディアまでを対象領域としていた『月刊イメージフォーラム』は、一九八四年一月号（40号）で「これがメカスだ！」と題した本格的な特集を組んでいる。この号に掲載された松本俊夫「メカスの映画には実験映画の原点が生き続けている」[5]を読むと、メカスの招聘がそれ以前にも計画されながら、政治的な理由からか実現しなかったことが見て取れ、この初来日に到るまでの道のりが容易ではなかったことが分かる。また同誌一九八四年三月号（42号）の特集は「ベスト・ワン1983」と題した年度末企画で、この年を振り返って最も優れた作品や印象に残る出来事を批評家や映像作家が挙げるものなのだが、ここで四人の選者[6]が『ロスト・ロスト・ロスト』をベストワン作品として選出している。

『月刊イメージフォーラム』発行の母体となったイメージフォーラムは、実験映画の配給や上映活動を行う他、映像研究所を併設して作家の育成を行い、教育機関としての役割も担っている。つまり、日本における実験映画のひとつの拠点といってよく、その雑誌が実験映画やその代表的作家であるメカスを取り上げるのは、それほど不思議ではない。しかし、映画の興行的側面も視野に入れた、業界誌的な性格も持つ『キネマ旬報』でこの作品が取り上げられていたことを知ると、『ロスト・ロスト・ロスト』が公開された反響の、意外なほどの大きさが伝わってくる。

まず一九八四年二月上旬号（878号）「フロント・ページ」欄[7]に、一九六〇年代にアメリカのアンダーグラウンド映画の紹介者として、また自身でも映画や写真を手掛けていた金坂健二が「メカスとの再会」という文章を寄せている。これは、メカスが主宰する実験映画やインディペンデント映画の保存施設「アンソロジー・フィルム・アーカイブス」を、かつて裁判所であった建物に移転させ「映画美術館」とする計画があり、その費用捻出の一環として東京・原美術館で彼と縁のあるアンディ・ウォーホルやマイケル・スノウらの版画展を開くことが、来日の大きな目的であったことを伝えるものだが、七一年以来、十三年ぶりに不意に東京で再会することになった驚きを、エッセイ風に綴ってもいるものだった。[8]

続く同年二月下旬号（880号）は「1983年度ベスト・テン発表」なのだが、『ロスト・ロスト・ロスト』

は外国映画の三十九位に選出されている。映画評論の他、アメリカン・コミックの紹介や、独自のアメリカ文化論を展開する小野耕世が四位に、読売新聞編集委員の河原畑寧が二位に選出し、それが反映された結果だった。小野は選出の理由を記していないが、河原畑は「ゴダール、メカス、映画の原点と極限を考えさせ、アッ、アッと戸惑い驚きも十分にスリルを感じさせてもらいました。」とコメントしている。[9]

同号には「83年映画界 10大ニュース選出」もあり、この年の映画界において印象的な話題を映画評論家やジャーナリストが十項目挙げ、それを点数化しランキングしたものだが、四十五位に「ジョナス・メカスが来日、大作「ロスト・ロスト・ロスト」の公開と共に日本の実験映画に多大な刺激を与える。」が入っている。この票は映画評論家の松田政男が投じたものであったが、四十五位ながら他が商業映画の話題一色の中で、かなり異彩を放つことは確かであり、映画界におけるメカス初来日の反響が窺える。[10]

さらに演出家、映像作家でエッセイストの萩原朔美が、一九八四年三月上旬号（881号）の「外国映画批評」欄で取り上げている。[11] 自身も実験映画やビデオアート作品を手がける萩原は、同誌読者がこれらのジャンルにあまり馴染みがないことを想定してか、六〇年代アングラ・ブームとそれを伝えるマスコミによって形成された実験映画への猥雑なイメージが、『リトアニアへの旅の追憶』の登場により払拭されたという時代の推移に言及しつつ、本作はそれ以上にメカスの感じ方、考え方がより鮮明に出ている、個人により作られた映画の高度な達成として、高い評価を与えた。[12]

掲載順としては最後になるが、同年四月上旬号（883号）の「外国映画紹介」欄[13]で、スティーブン・スピルバーグとジョン・ランディス製作によるSFX大作『トワイライトゾーン』（一九八三年、同題のTVシリーズ（一九五九〜六五年アメリカ放映）をベースにしたオムニバス映画）や、フランシス・フォード・コッポラ提供、ゴッドフリー・レジオ監督による、現代の物質主義文明の危機を高速度撮影等の技術を駆使して描いたドキュメンタリー『コヤニスカッティ』（一九八三年）などと並んで本作も紹介されている。通常本欄では「略筋」として映画のストーリーを要約し内容を紹介するところ、明解な物語展開はないと言っていい本作は、この作品がシンプルに16ミリフィルム六巻で構成されていることを端的に字幕で示す構造であることを受けて、リールごとに何が写し出されているかを記述して内容を記載し、対応した点が面白い。

4 八〇年代から九〇年代へ

一九七三年に『リトアニアへの旅の追憶』が日本で初公開され、引き続いて『メカスの映画日記』が翻訳出版された一九七四年に、蓮實重彥は「共感と連帯の環が、徐々にではあっても着実に拡がっていはしまいか。」[14]と述べている。この言葉を受けて、それが実体化してゆくように、一九八三年の時点で、まだ一般に広く知られるほどではないものの、少なくとも映画界には、確かな共感の磁場が形成されていたことが分かる。

イメージフォーラムは当時、新宿区四谷三丁目の不動産会館ビルに、出版の編集室と映像研究所、そして上映会場であるシネマテークを構えていた。実験映画やインディペンデント映画を常設的に紹介するこのスペースでは、基本的に一週間単位でプログラムが更新されてゆくのだが、ここでメカス作品がしばしば取り上げられていた。イメージフォーラムは二ヶ月単位でスケジュール・ニュースを発行していて、やや大判のチラシといった形状の印刷物なのだが、プログラムや上映作品、作家に関する解説文が掲載され、前述の『月刊イメージフォーラム』は存在するものの、全てのプログラムが取り上げられている訳ではないので、資料的価値があった。今、当時の上映状況を知ろうとする上でこの媒体は、以前にも増して貴重だ。私の手元に残っているバックナンバーで一番古いものは、一九八五年二－三月期のVol.48だが、三月七日から一〇日にかけて『リトアニアへの旅の追憶』が上映されていたことが分かる。

ここに掲げられている惹句というか短い紹介文を引用すると「年に一度上映するこの映画は個人映画のベストセラーとなってしまった。メカス日記映画の代表作品」とある。記憶では、イメージフォーラムのシネマテークは定員五〇席くらいの平土間の小スペースで、この頃既に渋谷のユーロスペース等のミニシアターも活動を始めていたから比較すると、簡素、あるいは質素な上映会場だったが、そうではあっても年間を通し、二〇年代のダダ、シュルレアリスム映画から、若手や学生の作品まで幅広く、実験的な作品を上映する場は稀有で、映像を学ぶ者にとってカリスマ的な存在感があった。映画ファンは皆そうだと思うが、劇場が豪華な造りであるかどうかはあまり気になることではない。重要なことは見やすいかどうかであり、平土間ながらこの空間の上映環境は良心的で、しばしば作品に没入する体験をしたことを思い出す。

ただ難点を言うと、上階にはジャズダンス・スタジオがあり、そこで流される音や身体を動かす際の振動が伝わってくる時があった。しかし、そのような時は、スタッフがすぐさま交渉に向かう様子が見て取れて、今思い返すと、それは最良の上映環境を自ら作り出そうという努力の表れでもあった。

一九七〇年代から八〇年代にかけて、16ミリフィルムをレンタルしたり、あるいは8ミリフィルムで自ら制作した映画を上映する、自主上映会が盛んに催された。こうした上映会は、公民館の講堂や会議室を借りて開かれることが多く、やはり平土間なので見やすい環境とは言い難い。また同じ時間帯で他室を使う利用者から、上映会場から漏れる音がうるさいとクレームが入って、急遽、音を絞らなくてはならない場面に遭遇することもあった。こうした場に何度か足を運んだ経験から述べると、上映環境は四谷三丁目のイメージフォーラムに程近いものだった。つまりこの時期、『リトアニアへの旅の追憶』は各地で、映画専用とは言えない空間で地道に上映されていたことになるが、そうではあっても確実に共感の環を広げていったことになる。

一九八五年には、白地に誌名とスチル写真一枚を掲載するシンプルな表紙デザインからして『月刊イメージフォーラム』とは対照的な、蓮實重彥が責任編集する雑誌『季刊リュミエール』が創刊された。『季刊リュミエール』は「73年の世代」とか「ハリウッド50年代」等、各号の特集テーマからも窺えるように、批評家としての蓮實のカラーが全面的に打ち出された個人全集といっていいものだった。本文の記事や論考で、実験映画が取り上げられることはほとんどなかったが、例外的な欄があった。それは「90日間映画日誌」という一種の読者投稿欄で、これは読者が観て印象に残った映画について綴った短文を一日一本採用して、三ヶ月タームで形成される映画ファンによる鑑賞ドキュメントだった。今日であればツイッターに投稿される映画の感想を誌面化したものといえるが、短文であるがゆえ、読者が観て心を揺さぶられた映画への想いが凝縮された、密度の濃いページが構成されていたのである。ここでしばしば取り上げられていたのがメカスの作品で、毎号とはいえないものの頻繁に登場していたのではなかったか。今日、この欄から読み取れるのは、批評家や評論家だけでなく、一般の観客や映画ファンからも、メカスの作品は熱い支持を得ていたことである。

先に言及した蓮實の「個人映画、その逸脱の非構造」には、『メカスの映画日記』について「「非＝商業映画」の熱烈な擁護というその戦略的姿勢にもかかわらず、偽りの境界線の設定にしか貢献しない「排除」と「選別」の身振りを、おのれにかたく禁じているメカスの晴れやかな表情が、あらゆるページに充満している」[15]という記述がある。そして、この一文を念頭に置いて、七〇年代から八〇年代にかけメカス作品の上映を通じて形成されたものが何か考えてみると、ジャンル区分とかイズム、あるいは党派制を越えて、ただ映画を映画として観るという、単純だが極めて重要な、我々が映画と向き合うためにとるべき基本的姿勢ではなかったか。

実験映画と劇映画というカテゴリーはもちろん、日本映画と外国映画という地理的区分や、サイレントの古典と現代の前衛といった時代性も越えて、ただ映画を映画として観るスタンスを、蓮實は「方向感覚の失調と時間意識の崩壊」[16]とも表現しているが、メカスが映画に向けるそんな眼差しを、我々はメカスの作品を観ることによって、徐々に身につけていったのではないだろうか。そしてこの流れは九〇年代以降も引き継がれてゆく。

5 「映画国」をもたらした人

山田宏一は、一九九六年に東京国立近代美術館フィルムセンター（現・国立映画アーカイブ）で開催された回顧上映会「ジャン・ルノワール、映画のすべて。」のカタログに、「ジャン・ルノワールの人生と行動の本質をなす愛の偉大さ[17]」と題した文章を発表している。ここで山田は、メカスのルノワール評「ルノワールと美について[18]」を引用している。かなり長めの引用で、山田のメカスへの敬意が感じられる。もちろんこの文章はルノワール論なので、メカスに深く言及することはない。しかし、単にメカスの文章を事例として引いているだけとも思えない。その本質において、両者が響き合う何かを共有しているのではないか、と示唆しているように私は思う。

メカスはルノワールの『草の上の昼食』（一九五九年）について、「その人物たちは、エリザベス・テイラーのように、単に見かけが美しいのではない（見かけも美しいが）。内部から美しさがにじんでいるのだ。[19]」と綴っている。ルノワールは、俳優にまず感情を込めずにテキストを読ませ、棒読みを繰り返すうちに徐々にインスピレーションが湧き上がってくるのを持つという、「イタリア式リハーサル」と呼ばれる演出法を採用し、その演出風景は『ジャン・ルノワールの演技指導』（一九六八年、監督：ジゼル・ブロンベルジェ）という映画に記録されている。メカスの「内部から美しさがにじんでいる」という指摘は、まるでこのことを言い当てているようである。

そして、「内部から美しさがにじんでいる」人物の姿は、我々はメカスの映画でしばしば目にするものではなかったか。メカスの作品に対して、観る者に幸福感を抱かせる、とはよく耳にする言葉だが、それが彼の映画に登場する人物の笑顔や、リラックスした表情から醸し出されていることは確かだ。だがメカスは、ルノワールのように劇映画的な演出はしないし、もちろんリハーサルすることもない。ではなぜメカス作品にルノワール的な美しさが醸成されるのか。

メカスのフィルム作品の特徴の一つとして、数秒、あるいはコマ単位で撮影し、極端に短いショットが連続することで、人物の動作や風景の推移を分節的でありかつ連続的にとらえた描写がある。目がくらむとか、チカチカするといった具合に、批判的、否定的に言及されることもあるが、彼の作品の最大の特徴であり、トレードマークといっても過言ではない表現だ。そして、なぜこのような撮り方をするのかという疑問も、しばしば本人に向けられている。だがメカスの極端に短いショットは、人物が瞬間的に見せる笑顔や、あるいはそこにカメラが存在しなかったかと思わせる自然な姿を確かに写し出している。もちろん、彼の映画にはそうではないショットも存在する。だから、人物の内側にあって、瞬間、瞬間に生成し、そしてすぐに消え去ってしまう幸福な時をなんとかとらえたい、そう試み続けてゆくこと、それがメカスの映画なのではないか。そこに、ルノワールと方法論は大きく異なっても、根源的に共有するものがあるのではないか。メカスは同じ文章で、「これには大きなドラマも、複雑な冒険も、息をのむようなスリルもない——この映画はあなたを夢中にし、あなたはこの映画にうっとりし、その美しさに目がくらみ、すっかり酔いしれる。[20]」とも記している。この言葉は、生涯、何でもない日常を撮り続け、そこに誰も気付かなかった美を見出して作品化を試みたメカスの姿勢とも重なり合うものだ。

ルノワールは第二次世界大戦の難を逃れるため、フランスからアメリカに渡り、戦後もフランスに帰ることなく、その生涯をアメリカで終えた。なぜフランスに帰らないのか、なぜアメリカに留まり続けるのか、フランスの友人たちからしばしば質問を受けたという。そんな時、彼は「私を今日あらしめた環境とは、他ならぬ映画である。だからどこの人間だということを問題にするなら、自分は映画国の市民だ[21]」と返した、と『ジャン・ルノワール自伝』に綴られている。このエピソードは、『自伝』最終章の冒頭に記されているが、そのタイトルは「国家という名の遺物」だった。メカスが彼の映画や書物を通して我々にもたらしてくれたもの、それはルノワールが言う「映画国」の概念を、より具体的な体験として感受する機会ではなかったか。

そうした経験の積み重ねの上に生まれた一つの場が「山形国際ドキュメンタリー映画祭」であることは間違いない。しかし「山形」のような大映画祭でなくとも、幸福な場所と機会は、映画を上映すること、観ることによって生成しうるのだ。だからこそ、メカスの精神は二〇〇〇年以降の今も、確かに息づいている。

註

1　かわなかのぶひろ「実験映画私史　つぎの世代になにを渡せるか」、『日本実験映像40年史』一九九四年、編集：イメージフォーラム、発行：キリンプラザ大阪、五頁。また、かわなかのぶひろ『映画・日常の実験』一九七五年、フィルムアート社、三二二頁にも、同じ主旨が簡略化して綴られている。

2　同右

3　金坂健二「ニュー・アメリカン・シネマの展開」(『映画は崩壊するか』一九六八年、三一書房、二六六頁)、金坂「映画作家による、映画作家のための」(同書二八三頁)、松本俊夫「エクスパンデッド・シネマの展望」(『映画の変革――芸術的ラジカリズムとは何か』一九七二年、三一書房、一六三－一六四頁)

4　日本初公開時に作成された本作のチラシを見ると、『LOST LOST LOST』と『ロスト・ロスト・ロスト――何もかも失われて――』の表記が併載している。そのため『月刊イメージフォーラム』や『キネマ旬報』での紹介、批評記事で、これらのタイトルが用いられている場合がある。

5　『月刊イメージフォーラム』一九八四年一月号(40号)五六頁－五九頁。なおこの文章で松本は、『リトアニアへの旅の追憶』の公開や『メカスの映画日記』出版に到る経緯にも言及している。

6　掲載順に、粉川哲夫、かわなかのぶひろ、波多野哲朗、中島崇の四名。他に、ベスト・ワンには挙げていないものの、西嶋憲生のように本文中で言及した選者もある。ちなみに、メカスに次いで多くの選者が取り上げられた作品はジャン＝リュック・ゴダールの『パッション』(一九八二年)で、執筆者は三宅晶子、巖谷國士、加藤幹郎の三名(掲載順)。

7　五四－五五頁

8　この計画については、木下哲夫が『月刊イメージフォーラム』一九八四年十一月号（50号）掲載の「メカスの映像美術館」等で記述している。

9　小野は五三頁、河原畑は五四－五五頁に掲載。

10　一〇八頁－一〇九頁。同数で四十五位に「大手不動産会社の地産がアラン・ドロンの「危険なささやき」を配給。」が挙げられている。なお一位は「「E・T」が史上空前の配給収入94億円を達成。」

11　一五九頁

12　萩原は本稿で「実験映画」ではなく「個人映画」という用語を用いている。これは七〇年代より「実験映画」に代わる言葉として登場した、マスプロダクション的な映画会社ではなく、個人が主体となって制作する映画、という意味合いをより強く表わしたものといえる。

13　一八一頁

14　蓮實重彥「個人映画、その逸脱の非構造」（『シネマの記憶装置』一九七九年、フィルムアート社、五九頁－六〇頁）。初出は『芸術倶楽部』第九号、特集＝個人映画、一九七四年、フィルムアート社、一八－二八頁。なお初出時には章や段落ごとに見出しが付されていた。

15　同右　六五頁

16　同右　六六頁－六七頁

17　一九九六年、朝日新聞社発行、一〇頁－一五頁。なおこの文章は後に山田宏一『山田宏一のフランス映画誌』（一九九九年）に収められた。

18　『メカスの映画日記』二九頁、一九六〇年十一月十三日付

19　同右

20　同右

21　『ジャン・ルノワール自伝』（一九七七年、新装版一九九四年、訳・西本晃二、みすず書房）三五八頁

湖畔のメトロポリス
ソローによるメカス

金子遊

プロローグ

それは二〇二〇年三月末のことだった。当初は、中国の武漢から武漢からはじまった新型コロナウィルスの流行は、またたく間に東アジアを中心に広まった。三月中旬にいたるまでは、アメリカにおいて一日の感染者数が一〇〇〇人を上回ることはなく、どこか他人事の様相であった。しかし、三月二五日には一日あたりの新たな感染症者が全米で一万人を超え、パンデミックが急速に拡大した。その半数がニューヨーク州で発生していた。この頃から医療現場においては、新型肺炎の患者を受け入れられる病床やその治療に必要な人工呼吸器の数が足りなくなり、いわゆる医療崩壊が起きたとされる。

ニューヨークを訪れる者なら誰でも立ち寄るのが、マンハッタン島のほぼ中央にあるセントラル・パークだ。南北に四キロ、東西に八〇〇メートルの敷地にいくつかの池、芝生や緑豊かな木々があり、散歩やジョギングにいそしむ者、公園のベンチで昼食やコーヒーを楽しむ者が多く見られる都会のオアシスである。特に公園の中央にある大きな貯水池は、この場所をどこか片田舎にある牧歌的な村のように見せる。しかし、三月末にその光景は一変した。地域にある医療施設では感染爆発した新型コロナの患者を受け入れきれなくなり、米軍の病院船がマンハッタンの港に到着した。セントラル・パークには仮設の白いテントが次々と建てられて、臨時の野戦病院が出現したのである。それを整備したのは、地元の病院と人道支援団体だった。この光景をニュースや新聞で目にした者は「まるでパニック映画のようだ」と思ったことだろう。

しかし、わたしはそれとは少し異なる感想をおぼえた。市民の憩いの場がまるで難民キャンプのようになっていると思ったのだ。それは、一九四四年に二二歳のジョナス・メカスと弟のアドルファスがナチスドイツに占領されたリトアニアから国外へ逃れようとして捕まり、五年もの間転々とすることになったドイツの難民キャンプにどこか似ている、と。ところが、一九四九年に難民としてニューヨークに到着し、その地で七〇年間を暮らしたメカスは、前年の一月に九六歳で亡くなっていた。彼が愛したマンハッタンが、彼が一六ミリフィルムで撮りつづけたセントラル・パークが、まさか難民キャンプのような光景になる日がくるとは、さすがの映画詩人でも想像しなかったのではないか。

ウォールデンの詩人

話は変わるが今から二〇〇年前の一八一七年に、ヘンリー・デイヴィッド・ソローはアメリカ東部に生まれた。ハーバード大学を卒業し、家業である鉛筆製造業や教師の仕事に従事していたが、その後は定職につかなかった。ソローは生涯にわたって、生まれ育ったマサチューセッツ州コンコードの豊かな自然のなかで簡素な生活を送った。彼が書いた著書『ウォールデン（森の生活）』によれば、ソローは二八歳のときにウォールデンと呼ばれる池のほとりに自分で家を建てて、その森のなかで昼も夜もすごすようになった。そうやって自然のなかで二年二ヵ月を暮した。その家は「ただ雨を凌ぐだけのもので、漆喰もなく煙突もなく、四壁は荒けずりの風雨にさらされた板で、大きな隙間さえあり夜は風通しが良かった」という小屋のようなものであった。[1]

ヘンリー・ソローによれば、その池に「ウォールデン」という名前がついたことには諸説があるようだ。ひとつは、その土地に暮らしていたネイティブ・アメリカンの口述伝承からきている。その昔、天高くそびえていた山上でインディアンたちが集会を開いていたが、精霊の悪口をいった。すると、山が揺れはじめて地面が陥没し、その池はすり鉢状に沈んでしまった。その場にいた者はみな亡くなったが、ウォールデンという名前の老婆だけが生き残ったので、その池に彼女の名前がつけられた。もうひとつは、英国に実際にある地名から由来するか、その独特の地形から英語のウォールド・イン（壁に囲まれた）から、そう呼ばれるようになったのではないかということだ。いずれにせよ、ソローは強い意志をもって、このウォールデンの湖畔で「森の生活」をはじめた。

わたしが森に往ったわけは、わたしが慎重に生きようと欲し、人生の根本的な事実にのみ対面し、それが教えようと持っているものをわたしがまなぶことができないものかどうかを知ろうと欲し、わたしがいよいよ死ぬときに、自分は生きなかったということを発見することがないように欲したからである。わたしは人生ではないものを生きることを欲しなかった。生きることはそれほど大切だったから。[2]

日本の中世にも西行や鴨長明のように、山里のなかに小さな庵を建てて、和歌や随筆をとおして悟りにいたろうとした「隠者」の伝統がある。野に遊び、森に学び、世捨て人のように世間からはなれて、自然のなかで詩を詠むように日記やエッセイを書きついだヘンリー・ソローはまさに隠者であろう。だが、ひとつ異なる点は、彼が移り住んだのは町中からおよそ一マイル半、となりの家からも一マイルほどの距離しか離れていない大きな森であり、それは山というにはあまりに近隣（ネイバーフッド）であった。近所とも地域とも訳される「ネイバーフッド」に住むというあり方が、ソローの特徴ではないかと思う。右の文章にもあるように、世間から遠くはなれて日常の些事に煩わされないようにするという意味では隠者に近いが、そこには自我をむなしくして滅するという雰囲気はなく、人生をより良く生きるために森にこもるという現世的な生活への身近さがある。

この小さな湖は、八月のしずかなひと雨の合間に、最も趣きのふかい友となる。そのときは、空気も水もしずまりかえって空だけが雲でおおわれ、日ざかりの時刻が夕方のようなおちつきをもち、ツグミがあたりに鳴き、また岸から岸へと聞こえてくるのであった。このような湖水はこういう場合にいちばん鏡のようである。その上の空気の澄んだ部分は狭く、暗い雲がせまっているので、光りと反映とにみちている水面そのものが、ひとしお尊げに見える地上の天となる。[3]

これは『森の生活』に書かれたなかで、ひときわ輝きを放って見える一節である。ヘンリー・ソローにとって「ふかい友」は山奥にわけ入り、人気のない場所で見いだされる秘密の湖沼である必要はない。それは町中から歩いていける日々の散策のなかで、季節の移り変わりや天候の条件や太陽の傾き具合によって、さまざまに表情を変える身近な自然であってよい。ギリシャの神々が跋扈する楽園は、あるいはアダムとイヴが追われた楽園は、手を伸ばせばすぐそこにある森や池や田園の風景のなかに、ツグミの歌声やコケモモの味のなかにこそ発見される。日常の生活のすぐそばにある時空間が、ささいで細やかな差異を波立たせる。それを詩人の知覚によって敏感にキャッチし、博物誌的に収集して書き記していくことが、ソローにとっての「日記」という営為であった。

バイオグラフィによれば、故国リトアニアで文学雑誌の編集をしていた二二歳のジョナス・メカスは、ナチスによる逮捕が迫るなかで国外に逃げようとしたが、ドイツの強制収容所に入れられてしまった。戦後は五年ほどをドイツの難民キャンプで過ごし、カッセルにいた二五歳の頃、ヘンリー・ソローの『ウォールデン』を読んで感銘を受けたという。[4] その後、リトアニアからの難民としてニューヨークに到着した。大都会に暮らすメカスの故郷喪失者としての一面は、日記映画『ロスト・ロスト・ロスト』（一九七五年）に詳しい。新しい土地にきて言葉も不自由なメカスと弟のふたりは、最初の頃は数週間単位で働く工場を移りながら、ブルックリンやマンハッタンの住居を転々とするしかなかった。

> 一九五〇年十月三日。一所懸命、鉛筆で書こうとした。でもわたしの指は、その鉛筆をちゃんと握ることもできない。一年前、二年前のように……。工場の仕事のために指が硬くなってしまった。曲がらない。自由に動かない。前になかったようなタコができてる。太くなったみたいだ。ともかく、鉛筆が持てない。それで、一本指でタイプすることにした。[5]

映画『ロスト・ロスト・ロスト』の前半部分では、ニューヨークに到着直後のメカス兄弟の姿やリトアニア移民のコミュニティを撮影した映像をつなぎ、ジョナス・メカス自身の声でこのようなヴォイス・オーバーをかぶせている。鉛筆工場の労働によって指が動かなくなり、鉛筆を持てなくなってしまったことは、詩人が筆を折ったという意味で象徴的だ。この挿話はいつもわたしのなかで、リトアニア語で詩を書いていた若き詩人が外国にきて、自分の詩を母国語だけで書くことに決めて、鉛筆のかわりに映画のカメラで身のまわりを撮るようになったことと重なって想起される。ヘンリー・ソローもまた家業の鉛筆製造をあきらめたあとで、野山を歩き、日記や随筆に専念する生活を送るようになった。ソローとメカスというふたりの詩人は、鉛筆を製造するという近代的な産業をともに通過しており、やがてその鉛筆（またはタイプライターや映画カメラ）をつかって美しい言葉をつむぐ詩の営みにむかったという点で共通している。

大都会のウォールデン

ジョナス・メカスがボレックスのカメラを買ったのは、一九五〇年のことだった。小型で頑丈な一六ミリフィルムのカメラは、第二次世界大戦中に戦場やニュース映像の現場で広く使われたこともあって、戦後のアメリカ社会には中古の機材が出まわっていた。筆者も二十年以上のあいだボレックスを愛用しているが、ときどき手入れをしておけば錆一つつかない非常に優れたカメラで、一度も修理にだしたことがない。ゼンマイ式なので充電する必要もなく、一秒間六四コマまでの早回し（スローモーション）やコマ撮りも簡単にできる。手動でシャッター開角度を調整でき、フィルムの巻きもどしがクランクを回すだけでできるので、多重露光やフェード・インやフェード・アウトも撮影時にカメラ内でできる。

ジョナス・メカスは「一九五〇年から、私は映画日記をつけ続けている。ボレックスを片手に歩き回り、眼の前にある現実を撮影してきた。場所や状況、友人たち、ニューヨーク、季節。一〇フレームしか撮らない日もあれば、一〇秒の日も、一〇分の日もある。何も撮らないこともある」と書いている。[6] これも『ロスト・ロスト・ロスト』を観ると実感できることだが、一九五〇年代から、兄弟で住んだ部屋、カメラ・テストの様子、セントラル・パークでのピクニック、郊外へのドライブ、結婚式の様子などを撮影している。それだけなら、この時代のまめなホームムービーのつくり手であれば、同じような記録を残しているかもしれない。しかし、メカスは長年にわたって撮影したフィルムを保管し、二十年後や三十年後になってそれらを整理して長編映画に編集し、そこに字幕タイトルやコメンタリーを加えることで一本の作品に仕上げていった。創作活動のなかに「アーカイブ」をする行為が内包されている珍しい映画作家なのだ。

とはいえ、ジョナス・メカスは最初から日記映画の作家だったわけではない。そのスタイルは長年の試行錯誤の末に発見された。『ロスト・ロスト・ロスト』には、弟のアドルファスとふたりで撮ったが、最初期の完成されなかった映画のフッテージやそのメイキング映像が折りこまれていて興味ぶかい。メカス兄弟は一九六二年に劇映画『樹々の大砲』を完成し、六四年にはリヴィング・シアターの舞台を撮影したドキュメンタリー『ザ・ブリッグ』も製作している。このことからもわかるように、当初のメカスにとって自分の身のまわりを撮影して短い断片を集めることは、いつかちゃんとした映画作品を撮るための練習であり、当初はフィルムによるメモやスケッチという位置づけに過ぎなかった。ところがある日、一九五〇年から六二年まで撮りためたフッテージをまとめて観てみると、そこにはある種の連続性が感じられたという。

ニューヨークを撮ってみようと思い立った、鉄とガラスとスモッグでできたこの巨大都市を。しかし、私の眼に映ったのは木々と雪景色、そして所々に見える草の緑だけだった…だから、私のフィルム・メモの中のニューヨークは、人々がよく知っているニューヨークというよりも、どこかしらウォールデンのようだ。あるいは、どこかの野辺、私の育った村のようでもある。私はほとんど野原で育った。自然の中で、森で、羊や牛を追いながら。自然はあまりに深く私の中に根ざしていて、切り離すことができない。[7]

この頃から、ジョナス・メカスは自分が撮りためていたフィルムを編集し、日記的な映画をつくることに意識的になった。一九六〇年代のなかば、メカスはすでにニューヨークのアンダーグラウンド映画における上映者であり、映画作家の組合の立ち上げにも参加していた。何よりものちに著書『メカスの映画日記』にまとまることになる、「ヴィレッジ・ヴォイス」の週刊連載コラムを書いている批評家として有名だった。そんな彼が一九六五年から四年間かけて、彼と付き合いのあった市井の友人たちから、シャーリー・クラークやマリー・メンケンら映画作家の仲間たち、ジョン・レノン、オノ・ヨーコ、アンディ・ウォーホル、アレン・ギンズバーグらニューヨーク在住の著名人たちの姿まで、さまざまな人物との交友を撮りためていき、一本の長編映画に編集したのが最初の日記映画となった『ウォールデン』(一九六九年)である。このときメカスは四七歳になっていたが、映画作家としての人生はまだ始まったばかりだった。

わたしも何度かニューヨークを訪れたことがあるが、ジョナス・メカスの『ウォールデン』を観ると、「こんなに緑の多い牧歌的な街だったかな」とふしぎに思うことがある。この映画にでてくる印象的なショットには、画面いっぱいに大写しにした花やつぼみ、どこの森の奥かと思えるが実はセントラル・パークで撮影された若い女性のポートレート、見過ごしてしまいそうなマンハッタンの街角の草木、雪が降りつもった丘でそり遊びに興じる人々などがある。その中心となるのは、何といっても、天を突くほど高いビルディングに囲まれたマンハッタン島の中心にあるセントラル・パークである。ブルックリンやマンハッタンを転々と住処を変えていたメカスは、すぐに息抜きがてら歩いていくことができ、草木の緑があふれ、家族や友人とピクニックができるその場所に楽園を見いだそうとした。ソローにとっての「ウォールデン」が故郷の町から歩いていける距離にあったように、メカスもまた近隣（ネイバーフッド）の公園に、常に変化をつづけ、興味が尽きない観察の対象を、そして撮影の対象を見つけたのだ。

> セントラル・パークだけじゃない。私にとってウォールデンは街のいたるところにある。街を自分だけの小さな世界に、他の誰もそういう見方はしないというまでに縮小することは可能なんだ。『ウォールデン』を見た人の普通の反応はまず質問だ。「これはニューヨークなのか?」彼らのニューヨークは醜いビルや気の滅入るような陰気なコンクリートと芝生のつらなり。それは私のニューヨークじゃない。私のニューヨークには自然がたくさんある。『ウォールデン』は私が見たいと思っていたものの記憶の断片だ。[8]

確かにジョナス・メカスの『ウォールデン』には、美しいもの、快活なもの、幸福なものばかりが恣意的に集められている印象がある。花や植物、美しい女性、猫や鳥や犬や猿などの動物たち、赤ん坊や子ども、パレードする人たち、アイススケートに興じる人たち……。しかし、それのどこが悪いというのだろう!

『ウォールデン』は「客観的」なドキュメンタリー映画などではない。ヘンリー・ソローが飽きることなく観察をつづけたウォールデンの湖畔の森のように、メカスは詩人的な感性でもってセントラル・パークを見つめる。いや、その公園だけでなく、身のまわりにある生の歓びに満ちたものすべてを「ウォールデン」に変えてしまう。そう、灰色のニューヨークはメカスとボレックスのカメラアイによって幻想の楽園へと生まれ変わるのだ。もっと正確にいうならば、メカスが撮影したフィルムが現像され、ある一定の時間が経って見直されるときに、美しい記憶へと醸成される。夜な夜なそれらのフィルムをビューワーで見返しながら、スプライサーで切っては新しくつなぎ、リールで巻き取っていくメカスの編集室のかたわらに置かれたのは、ソローの『ウォールデン（森の生活）』という本だった。

リトアニアからの難民として、あるいは亡命者として、何の頼りもないメトロポリスにやってきたジョナス・メカスが、どうして映画カメラをつかって日常を祝福されたフィルムにしなくてはならなかったのか。そこが重要である。メカスは『ウォールデン』のあと、一九七二年に代表作となった『リトアニアへの旅の追憶』を完成した。それは二七年ぶりに故郷の町セメニシュケイを訪ねて、母親や家族と再会したときの記録映像を中心に編集されている。この作品を見た人なら答えがわかっているはずだ。「実際には、私が撮影していたのはニューヨークではなく、自分の子ども時代だった。それは幻想の世界のニューヨークであり、フィクションだった」とメカスはいう。映画『ウォールデン』の特異性はここにある。コマ撮り、多重露光、露出オーバーとアンダー、手持ちカメラ、自撮りなど、一九六〇年代後半の実験映画における映像的なボキャブラリーを駆使しながら撮ったのは、日常風景から透かし見える生まれ育ったリトアニアの農村の

姿なのだ。

それでは、それが楽園ではなく「楽園の記憶」であるのはなぜなのか。ジョナス・メカスがロマン派の詩人だからという理由だけでは説明できない。村は彼が不在にしていたあいだ、戦後にやってきたソ連式の社会変革によってなくなった。メカスが帰りたいと願う、小川の流れるセメニシュケイの小さな村は、実際にはもう存在していない。かつての村があった土地は、集団農場の広い牧場があるだけの風景に一変してしまった。その場所にはもう帰ることができない。それはもう記憶のなかにしかない。だから、地上の楽園はメカスが根をおろし、そばに仕事も芸術も友人たちもあるマンハッタンに見いだされるしかなかった。いまここにある風景に「楽園の記憶」をダブル・エクスポジャーするのだ。日々、姿を変えていくマンハッタンの花や草木に。あるいは、朝方や日中、そして夕暮れなどの時間帯によって、別の面を見せてくれるメトロポリスの移ろいやすい表情に。

ソローによるメカス

最後にジョナス・メカスによる表現が、彼の映画作品のみにかぎらず、彼のヴィデオ作品、小説、批評文にいたるまで、どうして「日記」という形式をとらなくてはならなかったのかということを考えてみたい。

これまで見てきた『ウォールデン』という映画が、もっともヘンリー・ソローの森の生活に近づくのは、リール4でジョナス・メカスのカメラが列車で旅立ってからである。雪にかこまれたコロラド州の山奥で暮らすスタン・ブラッケージの一家を訪ねるシークエンスだ。メカスが撮った映像には、ブラッケージの『窓・水・赤ん坊・動き』で自力出産をする妻のジェーンが登場する。雪山の森にある山小屋のような家と、薪割りをする庭は『ドッグ・スター・マン』の舞台そのものだ。居心地のよい孤独のなかで森の生態に目と耳をすませ、おのれの執筆に没頭したソローの姿とは対照的に、小さな子どもたちと動物に囲まれたブラッケージ一家の生活は賑やかに見える。
そのなかで、ジョナス・メカスのカメラの眼は一匹のロバの姿に釘づけになっている。それは一家が飼っているロバで、ロスコーという名前だ。瓜実顔におかっぱのような白い前髪がかかり、丸々とよく太った体を短い四本の脚で支えている姿は、画面に登場するだけで愛嬌があって微笑ましい。何ともおもしろいのは、妻のジェーンがロバにまたがって乗馬したあとに、メカスがお尻の大きなロスコーに揺られておそるおそる乗ってみる、その後ろ姿だ。そのような映像に、メカスは自分で演奏するアコーディオンの音楽をかぶせている。このことからも、彼がこの場面にリトアニアの田舎への甘い郷愁を重ね合わせていることが感じられる。ニューヨークに戻ったあとに書いた、ブラッケージ一家への手紙のなかでメカスは次のように記す。

もし明日アップタウンの八番街を郵便局に向かって歩いているときに、あのロバに会えたら！と考えるとどれだけ幸せな気持ちになるか、君たちには想像もつかないだろう。／おわかりのように、僕がそんなおかしな望みを持ち始めれば、この街は僕によいことなんてしてくれない。でも僕は都会の人間だから、または都会の人間になる途中だから、これははっきりさせておこう。どんなことがあっても、前に進むということだ。後戻りはできない。都会の人間は村には帰れない。ふるさとのあの村には。[9]

ニューヨークの街角で、田舎のロバに出くわすことを夢想する映画詩人。これがジョナス・メカスの作品の本質の部分に横たわる優しさであろう。もちろん、メカスはリトアニア語で書いた詩を翻訳出版したが、わたしなどから見ると、こうやって手紙の一節のなかでさりげなく表明される彼の詩心、あるいは彼の映画のなかで映像にかぶせられて、リトアニア訛りのある英語のボイスオーバーでつぶやかれる言葉のなかにこそ、彼の詩が溶けこんでいるように思われる。それが如何なく発揮される形式が「日記」なのであった。実はヘンリー・ソローも、彼の有名な著作となった随筆や旅行記のほかに膨大な日記を書き残している。そのほとんどは生前に発表されることがなかった。日々の生活のなかで出会ったものを丹念に記録し、それを研究し、自然を賛美しつつ、モノローグで自分の考察に詩のエッセンスを融合する方法は、メカスのそれと良く似ている。たとえば次のような文章は、メカスが書いたものといわれても誰も疑わないだろう。

病んでいた私が、自分の回復を予言する健康な耳で、通りでウシが鳴くのを聞く。この音が私の脈拍にふれるのは何かあってのことなのだ。ある芳しさが私の諸々の感覚の中に入ってきて、私はやはり自然の子である、と告げ知らせる。納屋の脱穀の音、かなとこのカチンカチンと打つ音が、黄泉の国の川（ステュクス）のこちら側で鳴っている。もしも私が医者であれば、車いすで患者を窓のところへ運び、自然が彼らの脈をとるのを待つだろう。彼らの感覚が健全であるかどうか、すぐ明らかになるだろう。[10]

ヘンリー・ソローに私淑していたのだから当然のことだが、語り口までどこか似ているようだ。健康な耳をもった「自然の子」であるジョナス・メカスは、大都会に暮らしながらも、その脈拍は植物のもつ時間の流れのほうに同期していた。メカスの映画『ウォールデン』のなかでひと際印象的なのが、季節の変化を記録していることだ。映画のなかでは、残雪の残る春のセントラル・パークにはじまり、リール2の「サーカス・ノート」のあたりで五月がきて、やがて秋が終わる。リール3の頭では真冬になり、そしてまた翌年の冬がくる。一九六四年から数年にわたって撮影した作品であるから、季節がめぐるように作者が全体をそのように再構成しているのだといえる。

一方で、ヘンリー・ソローの日記は、自分のためだけに書いたとは思えない完成された散文になっている。このような端正な文章を日々書きつづるという、息の長い仕事を続けるだけのモチベーションはどこからくるのか、と感嘆する。短い文章には必ず日付がふられている。たとえば、彼が春に書いた日記を読むと、マサチューセッツの寒い冬のなかに、少しずつだが春の訪れが近づくさまを高精度のセンサーでとらえている様がよくわかる。殺風景な雪景色のなかに小さな新芽が吹きだし、風の吹く方向と強さが徐々に変わり、鳥たちの声とその動きがほんの少しだけ活発になる。ソローはコンコードの近隣の森や池や草原を散策しながら、生理学者や博物誌家の緻密な観察眼で、植物や動物などの生命にとどまらず、天体や気象の微細な変化を日記のなかでとらえた。であるから、日記の一枚一枚のページに文字を書いているとき、彼はまさにその森のただなかにいる。

森へ行くとき、ポケットに小さな本をもって行こうと私は考える。その著者はすでに森にいる。ページに書かれている内容は私の思考と同じくらいすばらしく、私の思考を補い、森が町を閉め出した後も、地平線であいかわらずきらめいている人間的な生活を私に示してくれるだろう。しかし私はだれにも会うことはない。どのような人も私の思考ほどには自然の入江へと航海してこないだろう。彼らは家（ホーム）に留まる。私は心安らぐ場所（ホーム）へ向かうだろう。森に着くと、森のわずかな葉が私の指の中でさらさら音を立てる。葉はあらわで、明瞭であり、それらのまわりには光輪も靄もない。自然はそれらすべての背後かなたに魅力的に横たわっている。[11]

ジョナス・メカスとヘンリー・ソローにとって、心が安らぐ場所（ホーム）は、もうすでに故郷でも家庭でも自宅でも家族でもなくなっている。故郷は振り返るものではなく、住めばそこが故郷になるし、故郷は絶えずつくりだしていくものなのだ。彼らにとってホームとは、多様に変化をつづける「自然」のことだ。都会の真ん中にあって、家族連れが公園で遊び、自分は街路を散歩しながら友人たちと芸術や文学について語り合い、バーでワインを傾け、歌や音楽に興じる。そのかたわらでは、生の輝きと響きあうように街路樹の枝が風にそよぎ、池の水面に鴨が着水してあざやかな円形の水紋を描いてみせる。メカスはそのような日常の幸福をとらえた映像の断片に、ソローの「森の生活」と通ずるものを見いだした。メカスにとっての森や自然は、最初から自分の内側にある。それらを掘り起こすプロセスが、彼にとって日記映画をつくることだった。昔のフィルムを取りだして夜な夜な編集台の前でそれを見直していく、その真夜中の営みこそが心が安らぐ場所をつくることであったのだ。

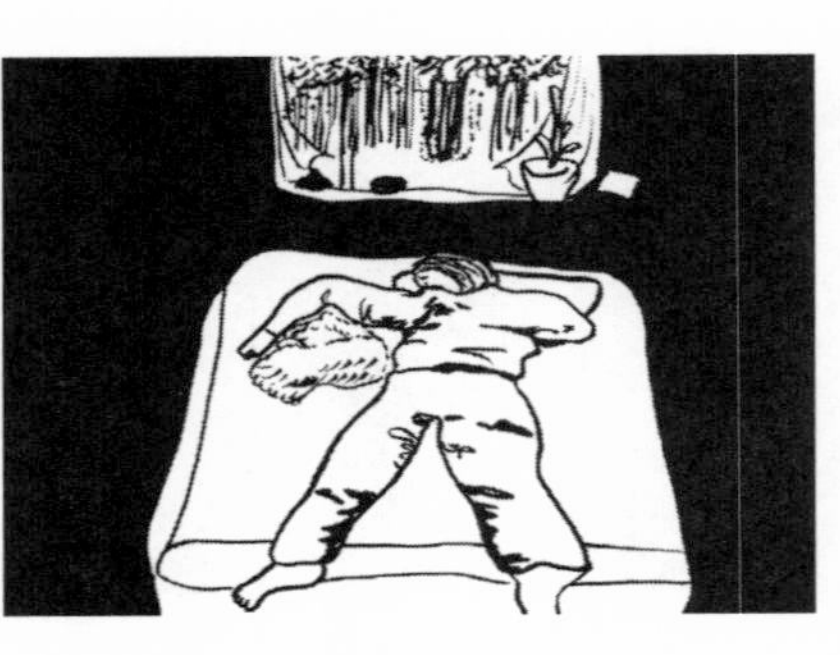

ヘンリー・ソローにとってホームとは「森」のことであった。彼によれば、詩人の思考や言葉をとおして自然がみずからを語るのではなく、自然は詩人とともにあって語る。彼が自然のなかにいて、さまざまなできごとを感覚し、それらが彼の精神に反映するときに詩の原石が生まれる。どんな場所にいようと、それがどのような季節でどんな時間帯であっても、頭のなかにはいつも思考の樹々が複雑に生い茂っている。その思考と実際の森を区別する必要はないのだ。なぜなら、ふたつは同じ仲間だから。ソローが森とひとつになったというのではない。自然のなかで起きる現象は彼の思考に反映し、彼の書いた日記は自然の姿を反映する。汲み尽くすことのない興味の源泉が、一時

たりとも同じ姿を保つことのない森から、いくらでもわき上がってくる。彼の日記帳を開くだけで、かぐわしい土と葉のにおいとともに、そこに「森」が立ち現われる。
おそらく、わたしはいまヘンリー・ソローについて語りながら、ジョナス・メカスについて語っている。もしくは、メカスを語りながらソローを……。そのどちらであっても、彼らの本を開くときにわたしの頭上には太陽が輝いていることだろう。

イラスト＝住本尚子

1 『森の生活』ソーロー著、神吉三郎訳、岩波文庫、一九七九年、一一七頁
2 同前、一二五頁
3 同前、一一九－一二〇頁
4 「Biography」『ジョナス・メカス――ノート、対話、映画』木下哲夫訳、森國次郎編、せりか書房、二〇一二年、三二三頁
5 コメンタリー3「ロスト・ロスト・ロスト」飯村昭子訳、同前、二三一頁
6 「フレーム・バイ・フレーム」西山敦子訳『ザ・ウォールデン・ブック』ピップ・ショドロフ、クリスチャン・ルブラ編集、ダゲレオ出版、二〇一三年、四五頁
7 同前、四八頁
8 同前、九七－九八頁
9 同前、一〇五頁
10 『ソロー日記 春』ヘンリー・ソロー著、H・G・O・ブレーク編、山口晃訳、彩流社、二〇一三年、一七－一八頁
11 同前、一四三頁

映画の詩、母語の詩、詩の境域

菊井崇史

「ここの地面にふれる――すると、あの別の土が私のなかで目覚める。ここの空を眺める――しかし、あの別の空を見ている。」（「難民日記」一九四八年四月二三日）と記された「別の土」「別の空」は、メカスの郷里へとつうずる「土」であり「空」だった。以後もそれは彼の瞼の裏にひろがりつづけた。喚び起こされつづけた。彼は街に降る雪に「別の」雪を見た。街路樹のそよぎに「別の」樹を見た。アスファルト脇に顔をのぞかせる花に「別の」花を見た。ふと仰ぐ空の太陽に「別の」太陽を見た。耳に届く子らの歌に「別の」歌をきいた。遠く、しかし、確かに。彼が生きる世界は、「別の」雪や樹や土や太陽や歌を導くしるしにみちていた。彼のまなざしや耳は日々、そのしるしのかけらを必死に掬いつづけた。それらは二度と立ちかえることのできない世界からの切れぎれの手紙のように彼に届いた。そこに言葉があった。「別の」世界にこだまし、綴られる言葉こそが彼にとっての詩でありつづけたのだった。

幼年期から詩人であることを自身に決していたメカスが戦中、ドイツ占領期のリトアニアを離れ、強制収容をしいられ、郷愁の念をいだきながらも戦後、ソ連統治下におかれたリトアニアへ帰することはなく難民キャンプをうつろい、二十代半ばの一九四九年にアメリカへ亡命し、「詩は生まれた国の言葉でしか書けない」という覚悟に比するおもいを胸にキャメラを手にして映画という新たな道をすすんだ、という軌跡は言わば、詩から映像へという方位を見い出させ、映画作家ジョナス・メカスの誕生にいたる変遷を先のように記されることも多い。ただし、この事実を受けとるには、彼が詩の位置から離れてはいない、詩を手離してはいないという事実を同時に踏まえる必要がある。戦中から文芸誌等の編集にもかかわり、自身もすでに詩を書きつづけていたこと、もしくは戦後、アメリカに亡命する以前以後も彼が母語で詩を書きつづけてきたという事実のみを言いたいわけではない。メカスにとっての詩への問いは、映像への問いにも迫りゆく。たとえば、『映画日記』として現在手にすることのできる一九五九年から一九七一年の幾多のテクストが編まれた一冊をひらくだけでも、映画批評であろうと、メディア状況の変革、打開の訴えであろうと、無数の詩への言及がひそんでいることをしることができる。メカスは詩を必需の審級として据えている。「映画詩」「映画詩人」「映画の吟遊詩人」「映画の俳句、一編の短詩」「詩的なリアリズム」等、幾多の語をもちいて映画をあるいは映画作家を彼は語り、その映画は詩であるのか、その映画のいかなる形式や方法に詩が体現されるのか、ニュー・アメリカン・シネマという映画の運動の渦中、その心臓部にメカスは詩という光をともしつづけた。苛烈に。詩は映画を照らし、その試行、実践、認識の標ともなった。映画と詩の言及のつよい連環を読むにつけ、「詩は生まれた国の言葉でしか書けない」という一言が、メカスにとっての一義的な岐路とはいえないことがわかるが、しかし、問いはのこされている。メカスが映画に見い出す詩と、母語でしか書くことができないと告げた詩ははたしてひとしいものであるのか、その差異とかさなりはどこにあるのか、と。

メカスが、特に同時代に生まれる映画や映画作家から見出す詩は、どこか相対の相を帯びている。『映画日記』に述された「非叙述的映画、詩的映画」は「散文映画（ドラマ・エピソード・ストーリー）」に対抗するものであり、「絵画や詩のように文字どおりたった一人で制作する」映画とは、商業資本の原理に結託した映画制作の制度に対抗するものとしてある。「映画の文体、動き、リズムは詩の文体、動き、リズムである」と記されることや、「視覚的リズムの密度」に詩を見ることは、物語に従属するかたちで構成された映像レベルでの視覚的話法との距離に見い出されるのだ。さらに「詩や散文詩のように」撮られた映画は、「新しい感覚を持った新しい人間たちによって作られている」とあるように、詩の審級には映画実践の革新の理念がすくなからず託されている、そう受けとってあやまりはない。詩を掲げ闘うことは、彼が生きる現在への必需の局面だったのだ。既存の映画制作ではしりぞけられていたであろう「失敗、ピンボケ、ぶれ、あいまいな構え、はっきりしない動き、露出過多や露出不足などさえ、ヴォキャブラリー」であるという視座は、芸術に「鋳型を保持」し既存のスタイルをただ保身するものへの抵抗であり、闘争であり、それは「人間の解放」へとひらかれる契機だった。彼はそう見ていた。その狼煙が詩という一語に靡くのだ。そのとき彼の語気はすごむ。彼は仲間を自身を鼓舞する。「新しい魂はいま芽をふいたばかり」の映画の確かな息吹を感受し、伝えるために。ここにメカスの熱と真摯と切要を確固と覚えながらも、まさにこの点においてぼくは、彼が映画の理念のごとく掲げる詩と、母語でしか書けないと告げた詩との境界を疼きのように感じる。かさなりながら、こすれあい、滲出をもたらす境界を。言語の試行において新たな形態を切りひらくことが言語の闘争であることをメカスは確固としっている。映画がそうであるように、だ。けれどメカスが母語で書きつづけた詩とは端的に、新しさにまつわる語彙におさまるものではなく、その方位に全霊を懸けられてはいない。「別の」まなざしが宿りつづけている。そしてそれは彼にとってのほとんど絶対の位置に宿っている、そう読まざるをえない。

メカスは、はじめての詩集に故郷を刻みつけた。『ジョナス・メカス詩集』（書肆山田）の訳者、村田郁夫は同書に『セメニシュケイの牧歌』は「土地の方言や古語がたくさん入り交じって」いると記しているが、そのかぎりにおいてメカスの告げた「生まれた国の言葉」とは母国語というよりも母語ととらえる方が正確だろう（メカス自身、ナショナリズムとパトリオティズムの懸隔の自覚を吐露している）。母語は故郷と結ばれている。つまり彼の詩は故郷、リトアニア北部、ビルジャイ県にある村とつよく結ばれている。ただ結ばれているのではない。望郷には、断念の楔が打ちこまれている。故郷への希求の念は、それがつよまればつよまるほどに、打ちこまれた楔が深く刺さり、彼はいたみなしに故郷をおもうことはできなかった。だから、メカスが母語で書いた詩は、そのいたみなしに読むことはできない。一九四四年ドイツ軍による追跡を逃れるためメカスは弟とともにリトアニアから脱出、以後一九四九年にニューヨークへ移住するまでに書かれ編まれた『セメニシュケイの牧歌』は、故郷で過ごした村の四季の折々の情景が、人の営みが綴られている。記憶に臨むことの叙景を主とした抒情詩、そう呼べるだろう。この詩篇群からは、一九四八年の手紙にあるように「すべて農村の生活の詩です。その回想、そこでの暮らし方、あるいはむしろ、それを追体験する詩です」と自身の詩をあかすメカスの意図をまっすぐに受けとってよく、詩の叙述は、およそ四半世紀後に結実される映画『リトアニアへの旅の追憶』と地つづきであり、「ここでは、リトアニアの現状などというものは見ることはできない。つまりは、二七年の空白の後、自分の国に戻ってきた亡命した人間の思い出が見られるだけ」だと述べられた映画の姿勢の先行性を詩集から見てとることができる。この詩集は、戦中、戦後の経験の渦中、郷里を剝されることのまもない生傷から血が滴るなか綴られてあるが、すでにして郷里との決定的な距離が刻まれているのだ。

ふり返り、私はおまえを見つめる、
幼少時代の私の青い地平線よ！
私は、掘り起こし、そして、並べていく、
古き、消えゆく、断片を、――
一人一人の顔、一つ一つの事物、地平線に
憧れの手で触れながら、

『セメニシュケイの牧歌』冒頭におかれた詩行だ。「もはや、いまとなっては、／記憶の手では――また、憧れによっても?――／あなたがたに触れることは叶いがたく、／ますます、遠のき、去っていく、／帰らぬ日々の地平線を見つめて、」(「私の幼年時代の女たち」)とも記される詩があるように、彼は幾度も故郷の遠さを確認している。この確認はそのままに故郷への断念を裏打ちする。もうもどることはできないという確信に比する予覚は、だからこそ記憶の「牧歌」をいとおしみ、悲しむ。いとおしみ、悲しみ、それでもと言葉を紡がせるのは、望郷がもはや帰郷を導けずにいることの自覚、難民としての自覚に他ならない。「心の奥深くでどうしようもなく疼くもの、それは後にしてきた大地、空、あのたくさんの丘だ。心の奥深くに焼きついているのは、あそこで過ごしたあの夜々。あの夕べ」「それが私を苦しめる、心のなかでひどく痛む傷となっている。」(「難民日記　一九四八年四月二八日」)、「故郷へ通じる道はすべて消されています」「故郷を求め、記憶をたよりに、私は長い道のりを逆戻りしています」「私はそこにすわったまま、記憶におぼれて身を震わせていました」(「難民日記　一九五五年日付なし」)。彼にはもはや、求心と離反は一体でしかありえないものとなっていたのだ。

このいたみや震えは、メカスの亡命の以前以後を貫いている。いたみや震えがともなう書記は、複重の苦難を課せられている。難民として生きるメカスの苦難、そして、同地にのこりながらも歴史の暴力をかぶらざるをえなかった故郷の人々の苦難を。故郷そのものの苦難を。一九四八年一月二九日の「難民日記」には「文学は、ある明確で整った形をもつ言葉であるはずだ。しかし私のできることはすべて叫ぶことだけ、そしてその叫び方はひどく重く、望郷の気持ちにあふれているか、さもなければ怒りだ」と生と死を追いつめる時代への否認を刻みつけ、「私たちは全員、自分のなかに広がるこの張りつめた際限のない望郷の念を抱え、故郷にいる身内たちの運命を気遣いながら歩いている……」と書き添えた。この「気遣い」は詩集中、たとえば「おまえたちは、いま、どうしているのだろう」(「隣人たち」)といった詩句の呼びかけに響く。『セメニシュケイの牧歌』において、故郷での記憶を叙しながら、二度とそうはあれないという径庭、時の隔たりをこえておくりこまれる故郷への呼びかけは、故郷の光景と自身の現在のはざまに響きつづけるのだった。「望郷の念にかられているかぎり、自分がまだ死んでいないことがわかる」(「難民日記　一九四八年一月十日」)このようにして確かめられる生の困難において、このようにしか確かめようのない生の困難において、メカスの望郷の「牧歌」は書かれたのだ。埋め難い望郷の餓えを郷里の記憶を述することで補填するのではなく、たとえ呼びかけるほどに離れようとも、遠ざかる光景を記憶の凝視に記すことで、おもうことで、かろうじて確かめられる生の足場があった。その足場をあゆみ継ぐことで生きのびる現在があった。個としての、共同体としての苦難が、メカスという詩人に課せられ、記憶を真のたよりに、望郷というおもいによってのみ繋がれる郷里と自身のわかたれた道行がつうずることの重さを十全に耐えて、異郷の地をあゆむ足裏には「別の土」が、仰ぐ空には「別の空」が、届かぬ故郷の息吹として呼びおこされているといえる。そんなとき、彼の呼吸は歌を思い出した。メカスの詩の息吹には歌がそよいでいた。

「ただひたすらに歌いたかった」(「難民日記　一九四八年一一月八日」)、彼は当時、歌うことへの烈しい念を綴っている。「庭の花畑、ヘンルーダの花の香り、青年や少女のさまざまな夢、憧れ。馬の歌、亜麻畑の歌も歌った。それから母親たちの歌も。どれも飾りっ気のない簡単な歌詞だった」「短い歌の数々は、私たちの魂ともつづけた「歌」とは、彼が幼年期より人々とともに歌いきいた郷里の「歌」だ。メカスは歌うことのよろこびをしっている。メカスは歌に籠められた悲しみをしっている。口が、耳が、覚えている。一九五〇年三月の「日記」にはこうある。「こういうリトアニアの歌、この国の歌はいつもあまりにも悲しい。歌のなかにいつも涙がある。自分の幸せを歌っていると思うときでも、歌う歌は幸せな歌ではない。リトアニアはいつも周囲の大きな隣国の通路にされ、踏みつけられてきた。今では、われわれの幸せさえ色が変わっている。いつも涙が滲んでいる」と。近隣国の政治状況をかぶり、領土としいられてきた彼の故郷の困難は、歌そのものに刻まれている。言葉そのものに刻まれている。そこに刻まれた地の歴史にふれるメカスは、その変遷において何がかわり何がかわらずにのこされてあるのかを信仰や文化営為からも省察している。文化の根に乾かずにのこされた「叙情的なリトアニアの汎神信仰」や、その自然観と切り離しては生きることのできないリトアニア人の「リリシズム」を伝える。メカスの詩には、そのように継がれた歌の境遇、歌の身空が埋め込まれている。

そこでは、ただ、牧童たちが、
裸になった畠のはずれに佇みながら、
遠くで、燃える、ジャガイモ畠の茎の
煙りが立ち昇るさまを眺めるであろう、
そして、鳥たちが、まるで祭りの期間のように――
騒がしく、叫びながら、ナナカマドの実を
ついばんでいるのを聞くであろう。

（「小春日和の終わるリトアニアの秋」）

このように巡らされるメカスの詩に、いかなる情調の響きをきくべきかをしるには、メカスが故郷の歌に見つめる先の認識をしらねばならないだろう。その詩の調は決して一義的に受けとれるものではない。メカスが故郷で歌いきいた歌を彼自身が決して一義的には歌うこともきくこともできなかったことにひとしいからだ。『セメニシュケイの牧歌』の詩語がかたどる光景の輪郭には、彼が幼年よりふれた歌や言葉の内奥からあふれる悲しみの調がまぎれもなく響いている。メカスは歌うことの感情としてではなく、歌自体に刻まれた悲しみを見ている。歌自体が悲しんでいる、そう言っている。ここで告げられる「歌」は重い。はかりがたく重い。その重さの極でメカスが歌自体に見つめる「歌」のよろこびや悲しみによって、郷愁という言葉は撓み、軋む。望郷の領野を突きぬけ、人が歌うことの畏怖にさえつうじてゆくだろう。メカスは自身の経験からだけではなく、人が歌を歌い、歌が人に歌われることの、ある極限的な光景を見てきだろうことをしるからだ。それは次の記述にもしらしめられる。「あの夜、ヴィリニュスを発つ直前のあの夜のことを思い出す。リオナルダスと窓のそばに立っていた。そのとき私たちは、何百人ものユダヤ人が、人気のない朝の通りを連行されていく足音を聞いた。彼らは墓場に向かって歩かされていた。歩きながら彼らは歌っていた」(「難民日記　一九五〇年六月七日」)。ここで歌われた歌を、メカスがきいたその歌の響きを、人はあたうるかぎりにおもいを巡らすべきではないか。メカスが「震え」といったその震えそのものであるような「歌」に人は問われざるをえない。一九四四年、イタリア人やフランス人、ロシア人捕虜と強制収容所にいれられていたと述懐するメカスは、以来「いろいろな国の言葉」「さまざまな国」を巡って最後にニューヨークに辿りついたとも告げている。メカスはその道ゆきでさまざまの歌を耳にしただろう。さまざまの「震え」を経ただろう。このとき、歌は人に寄り添い響くのか、歌は人を刎ねるのか。(ぼくはここで、一九二〇年に当時ルーマニアに属していたブコヴィーナ地方に生まれた詩人パウル・ツェランの詩「(歌うことができる残り)」等をおもい起こす。この詩は現在、邦訳を『パウル・ツェラン全詩集Ⅱ』中村朝子訳で読むことができるが、同集中の詩篇「(糸の太陽たち)」には「ひとつの木の—／高さの考えが／光の音を捕らえる——あるのだ／人間たちの／あちら側には　まだ歌われる歌たちが」という詩行があり、Penguin Classics版の英訳『Paul Celan Selected Poems』で同詩の末尾は、「songs to be sung on the other side of mankind」と訳されている。「the other side」つまりは「別の」場にこそ歌われる歌があり、ツェランはその響きの遙かさを語に繋ぎとめている。その砕かれた悲しみを。彼らの生涯のはかりがたい経験のまさにはかりがたさをおもいながら、彼らがふれえた歌とは、「別の」歌とはいかに響くのか、ぼくは問いを手離したくはない。メカスとツェランを比するかたちで論じたものとして、世織書房刊『敗北の二十世紀』「残された言葉」市村弘正著がある。）

人のくちびるから届く歌は何ものの歌であるのか。メカスは映画批評における詩の言及にあっても、あるいは、書かれた詩においても、個の抒情詩と共同体にかかわる叙事の差異に鋭敏である。差異とともに抒情と叙事、つまりは個と共の歌のわかちがたさにも自覚的である。メカスはいつか、自身を「ロマン主義者だ」「地方主義者だ」と声をあげた。「わたしは若く世間知らずの愛国者だった」（『リトアニアへの旅の追憶』）とも告げながら逆に、「難民日記　一九五二年七月二十日」では自身を愛国者ではないとも記した。「友人たちが愛しているのは、自分たちの国、祖国、しかし私たち二人が執着しているのは、私たちの小さなセメニシュケイの村、あの田舎、あそこの人びと、あそこの自然だけだ。愛国主義とはなんの関係もない」と。故郷を去り、難民となり、亡命した、その道ゆきにおいて亡命先の異郷の地で、彼は多くの難民、亡命者と出あった。彼が出あった難民、亡命者のなかには、彼女彼らが故郷をおもうがゆえにナショナリストのようにふるまう人もいればそうでない人もいた。「ロマン主義者」と自覚せざるをえないこと、あるいは「愛国者」だったと告げ「愛国者」ではないと告げ、「地方主義者」であると告げ、彼の出自の村、そこでふれた光景や人々だけに執着があると告げるメカスの苦渋にみちた自己確認は一義的に決定できず、そぼくな故郷回帰でも、郷里の理念的な回復でもない、その震え、揺らぎにおいて正確であったと言えるだろう。彼は震えていた。彼のかかえる言葉は、詩は震えていた。故郷との離別にもたらされた郷愁こそが、故郷を詩の場として見出させたのだとしても、それはどこまでも彼の孤独な個の次元に結ばれてあり、メカスは言語圏に結ばれる共同体のユニオンを標榜はしなかった。自分にはもう「私にはいまとここしかない」という吐露は、亡命先のアメリカに同化するでも、離れた故郷や同胞へのユニオンを訴えるでもない、「私の孤独は、空、黒く汚い屋根、路上の紙屑などから生まれるように思えた」（「難民日記　一九五〇年七月一八日」）に確かめられるような打ち震えるまなざしにもたらされていたのだ。「一人のリトアニア人を生み出すために何千年もかかったのではなかったか？　私はその最後のか細い枝」であると自覚されるような、いや、そのほそい枝先はすでに折れ、幹から離れてしまっているというかの自覚にあって、メカスは共同体からの離散のみではなく、メカス自身がもはや千々にすりつぶされるかのような震えを帯びていた。

そして
私も
人生の
道のりの
なかばを
過ぎて、

暗い
森の中へ
入って
行った

『ばらばらな言葉』と題された詩集がある。『セメニシュケイの牧歌』からおよそ二十年、一九六七年に刊行された同書におさめられた「森の中で」は詩形式において大きな変化をみせている。詩の一行が一語であること、あるいは一語が次の行にわかたれてある形式に詩はつむがれているのだ。メカスは「森の中で」の冒頭部がダンテの『神曲』地獄篇第一歌を踏まえていると告げており、先に引用した詩の開始は、メカス自身の生の位置を体現しているとおもえるが、同時にここでは、そこに記される光景や内実よりも先に、彼の母語であるその文字が、言葉のすがたが、前景に伝えられる（メカスの詩は二〇二〇年一〇月現在、http://jonasmekas.com/poetry/ で原語、英訳が並べられたかたちで読むことができる）。たとえば次のような詩句を形式とともに目にするとき、ここでの詩の主格はもはやメカスでありながら、さらには彼の母語それ自体の語りではないかと思うことがある。

ひとり
私は歩く、
事物の
あいだを。
（…）
ただ
私は渇く
私は渇く
重い
空の
下で。

そうだ、
私は

瞬間、
瞬間を
切り取ることが
できる。

ここに記された「私」とは、メカスであり同時に彼の母語が「私」として語りはじめているのではないか、そのようなおもいをどこか拭えずにいる。メカスのおもいの発露だけでなく、母語それ自体の発露、母語で語ろうとしているのか、母語が語ろうとしているのかその渾然の様態を詩の形式の内実に覚えるのだ。ただここに「私」がのこされていること、言葉がのこされていることが前景となる形式として。『映画日記』の序文でメカスは「最近の私が聖なるものと感じる芸術は、〝観念〟もなく、〝思想〟もなく、〝意味〟もなく、〝内容〟もなく、ただ単純に美しいだけの芸術である。みずからの美しさ以外に、いかなる目的も持っていない芸術。ちょうど樹々のように」と記す。そして、ここに見受けられる、ただそこにあること以外になにもなく、それゆえにそこにかけがえのなさがあるというまなざしは、「芸術はあえて言えば愛の形態だ」「愛とは愛以外のすべてのもの——憎悪・羨望・怒り・嫉妬・物欲・エゴなど——の不在である。愛は不在。愛は無——しいて言えば——」と記された一九六九年一一月の日記に共鳴している。ぼくはこの「芸術」や「愛」にメカスにとっての「詩」をあてはめたい気持ちにかられる。

「いかなる／問い／にも／答えは／ただ／沈黙、／沈黙／しか／ないことを／知らないで——」(「森の中で」)という詩句があるよう、同詩の内実と形式には、沈黙への傾斜がみとめられる。この沈黙はただ否定に落ちこんでゆくものではない。沈黙に傾斜する語りの語りえなさは、その経験的な重みを課せられ、封じられたかに見える震えや静まりのなかで、否定神学的話法に語がついやされ削りとられるのではなく、その極点においてひるがえり、言語そのものの実在性、形態を輪郭している。メカスはここで母語と出あいなおしている、そんな感触がある。残存でありかつ芽吹きのごとく新生の言葉として。彼は『セメニシュケイの牧歌』を追憶の詩だと告げたが、詩篇「森の中で」では、ここにのこされてある、という心的な現在形が詩語に迫り出している。彼の経験したはかりがたき幾多の時間が、のこされてある言葉のフラグメンタルな現在に収斂している。ぼくはここで再び、メカスが映画にともした詩の光をおもう。メカスが詩集『ばらばらな言葉』の「森の中で」で記した詩の形式は、彼が長年映画においてこそ見い出してきた詩の光が、彼の母語を逆照射するように生まれた形式ではないかとおもうからだ。「詩は生まれた国の言葉でしか書けない」と告げられ、キャメラを手にしてからおよそ二十年を経て、映画の詩の光と、母語の詩の光が呼応しあっている、そうおもう。

　メカスは六〇年代、映画を詩人の営為と比しながら、「カメラは、もはや人間の一瞬の光景や断片を拾い上げ、動きと光だけによる新しい、精神的な現実（リアリティ）がスクリーンの上に創り出されている」（『映画日記　一九六四年六月二五日』）と述べ、「映画の本質は具体的である」「純粋に視覚的で動美学的（キネティック）な体験の具体性、光と動きの〝リアリズム〟、純粋な目の体験、映像という物質」（『映画日記』「抽象映画は存在しない、映画はすべて具体的である」）と告げた。これら映画実践の光にもたらされた認識は、「森の中で」の詩句「ときどき／私には／思える、／私は／やはり／事物に／近い／近いと、／／大地に／足を／触れていると／私は震える／／おお、／人びとよ、／私は／君たちの中に、／私が／事物の中に／見たもの／以上の／ものは／見出せなかった――／／私は／見た、／君たちを／ただ／運動／として、／詩／として――」と明確に響きあっている。映画へのまなざしと、書きのこされた詩のまなざしとにかさなりがある。さらにメカスは一九六九年「本質としての光について語ることは、内容について語ることである」と記した。これは彼の母語つまりは詩の言語そのものが、その内容について語っていると言い換えることができ、「映像という物質」があるように一語を一行とする詩の形式は言語という「物質」をはっきりと顕現させている。「歌」という「物質」さえ認めることもできるだろう。メカスが感じた「聖なるもの」につうじる契機があるのだ。ぼくはここに、メカスにおける母語の詩と映画の詩との境界、かさなりながら、こすれあい、滲出をもたらす境域にこそ生じ、刻まれた詩を覚える。「詩は生まれた国の言葉でしか書けない」という認識に生まれた映画作家メカスの『リトアニアへの旅の追憶』等の幾つかの映画は、メカスのなかに息衝く母語からわかたれた母語によって撮影された映画だった。「ここの地面にふれる——すると、あの別の土が私のなかで目覚める。ここの空を眺める——しかし、あの別の空を見ている。」と記された、その「別の」まなざしをもとに撮られた映画だった。ならば、メカスが手にしつづけたキャメラが、彼の母語をして書き記した詩もあるのだ。「私」と母語と映画の、わかちがたい詩の形態が。

メカスにとっての詩を問うことは、彼にとっての郷里を問うことを導く。メカスにとっての郷里を問うことは、彼にとっての母語を問うことを導く。メカスにとっての母語を問うことは、彼にとっての歌を問うことを導く。メカスにとっての歌を問うことは、彼にとっての詩を映画を問うことを導く。この連環の射程の深度において、人間が歌うこと、人間が詩を書くことの問いを導き、人間が映画を撮ることの問いをも導くだろう。そしてこの問いの連環の総体を受けとめることなしには、メカスの告げる詩や映画をしることはできないだろう。ぼくは僅かにでもそれをしるために、メカスの映画を詩を見つめつづけていきたい。

＊本稿においてジョナス・メカスの言葉は、『ジョナス・メカス詩集』（村田郁夫訳、書肆山田）、『メカスの難民日記』（飯村昭子訳、みすず書房）、『メカスの映画日記』（飯村昭子訳、フィルムアート社）、『ジョナス・メカス ノート、対話、映画』（木下哲夫訳、せりか書房）から主に参照した。

フローズン・サムネイル・フレームズ
空間へと圧縮された時間

佐々木友輔

ボレックス以後

「おれを砂漠に放り出して、次の週に来てごらん。おれはそこに根を下しているだろうよ」[1]。ジョナス・メカスはこの言葉を映画制作でも実践した。一九八〇年代の終わり頃にはすでにフィルムからビデオへの移行を視野に入れ、長年愛用していたボレックスでの撮影と並行して、ビデオカメラでも撮影を始めた。制作ツールの変更は、数多いる映画作家の中でも、とりわけメカスにとって重大な意味をもつ。なぜなら彼は、撮影の時点から編集や構成を同時進行でおこない、事後的な編集作業では各リールをつなげて不要な段落を削除するだけに留めるという特異な制作スタイルを貫いてきたからだ。

カメラの形状や重量が変われば、それを構える高さや姿勢も変わる。撮影の頻度やタイミングも変わる。シャッターボタン（録画ボタン）の感度が変われば、撮影のリズムや呼吸はまったく違ったものになるだろう。メカスにとってカメラは依って立つべき大地であり、もっとも身近な共同制作者である。

この事実に対して、これまで十分な注意が払われてきたとは言い難い。老年になっても新テクノロジーを貪欲に取り込むフットワークの軽さが称賛されたり、メディアを変えても変わらぬ映画制作の姿勢が論じられてきたのとは裏腹に、メカスの代表作として挙げられるのは、今でも相変わらず『ウォールデン』（一九六九）や『リトアニアへの旅の追憶』（一九七二）といったフィルム作品ばかりだ。メカスを特徴付ける撮影スタイルとして紹介されるのも、ほとんどがフィルム時代の手法であり、ビデオに移行してからは見られなくなった手法が大半を占める。もしかしたら、我々は無意識のうちに、ボレックスを構えたメカスこそが真のメカスであると決めつけていたのかもしれない。ビデオやインターネットへの進出は、巨匠の晩年の一エピソード以上のものではないとタカを括って、真剣に見ることを怠ってきたのかもしれない――。

では具体的に何が違うのか。ボレックス以後の作品はなぜ語られなくなったのか。本稿では、フィルム（映画）、写真、ビデオ、インターネットと様々なメディアを渡り歩いてきたメカスの旅路を辿りながら、彼とその作品の何が変わり、何が変わらなかったのかを考えてみたい。

圧縮された時間　『ロストロストロスト／何もかも失われて』

さしあたりフィルム時代から見てみよう。『ロストロストロスト／何もかも失われて』（一九七六）は、メカスがボレックスを回し始めた一九四九年から一九六三年までの間に撮られた六つのリールで構成されている。一四年分のフィルムが時系列で並んでいるので、時代ごとの撮影スタイルの変遷を確認するのに好適だろう。

リール一・二は、メカスがブルックリンで過ごした日々の記録である。ここではまだ、後に語られるような独特の撮影スタイルは見られない。手持ちカメラで撮るにせよ三脚を使うにせよ、安定した構図を守ろうとする意思が感じられる。ロングショット主体で、撮るべき対象をきっちりフレーム内に収め、その対象の動きに追随する堅実なカメラワークが採用されている。部屋の窓から屋外の人物にカメラを向けたり、街頭から遠くの歩行者を捉えるなど、覗き見的・隠し撮り的なショットも見受けられる。その後のメカスと比べると、カメラと人との距離が遠いのだ。

リール二の終わりにブルックリンを離れ、リール三からはマンハッタンでの生活が始まる。この辺りから徐々にクロース・アップが増加し、パンやティルトは滑らかさより機敏さが重視されるようになる。また、立ち止まって撮るのではなく、歩きながら撮る、回り込みながら撮る、車内から撮るといった移動撮影が目立ち始める。これらの変化によって、必然的にカメラは揺れる。ピンボケも増える。安定した構図が崩れ始める。一つの対象に意識を向けるというよりは、様々な対象に忙しく目移りするようなカメラワークである。リール五・六では、タイムラプスで流れる雲を捉えたり、二重露光で映像を重ね合わせるなど、撮影手法の幅が広がっていく。カメラワークはよりダイナミックになり、撮影対象に衝突しそうなほど接近したかと思えば､次のカットでは大きく遠ざかる。激しい揺れやブレを編集点としたカットつなぎが頻繁におこなわれる。撮影対象の動きに追随するのではない自律したカメラワーク、メカスの身体感覚に沿った編集のリズムがフィルムに焼き付けられている。

だが何より重要なのは、『ウォールデン』や『リトアニアへの旅の追憶』などの「代表作」を特徴付けているコマ撮り的な撮影手法が、ついにここで導入されていることだ。シャッターを短く、リズミカルに切ることで、目前の光景が断続的に記録され、チカチカと瞬きをするような映像が生み出されていく。「わたしの撮影法は映画と写真の境界線上にある」[2]との言葉どおり、映画は静止画像（写真）の連続によって成り立っているのだという事実を再認識させられる。あるいは、メカスをピクシレーションやアニメーションの作家として捉え直すこともできるだろうか。この観点に立つとき、土居伸彰によるユーリー・ノルシュテイン論が示唆に富む。

ノルシュテインが気づいたのは、アニメーションでは実写映画に比べて「濃密に」時間を経過させることが可能だということだ。実写映画では､同様の「濃密さ」を達成するためにスロー・モーション「にする」ことが必要であるかもしれないが、アニメーションにおいては、スロー・モーション「である」ものが、初めから創出しうる。そしてその濃度は、コマの間の振る舞いによっていかようにも設定できる。「アニメーション映画」とは、コマの「間」の吟味であり、自分自身が計測する精神物理学的な時間を創出していく行為なのだ。「違ったふうに」世界を感じたときのきわめて個人的でそれゆえに「畸形」となる孤立する時間——それこそがコマ撮りアニメーション＝「アニメーション映画」が見いだしたアニメーションの自律性・特異性なのである。[3]

メカスもまた、即興的にコマの「間」を吟味しながら撮影することで、漫然とカメラを回し続けるだけでは得られない濃密な時間を作り出している。ただし手法の性質上、その時間は引き延ばされた時間（スローモーション）ではない。メカスにとってコマ撮りは「現実を凝縮する手法の一部」[4]である。カメラを構えていた時間、さらには彼が生きてきた膨大な時間が高密度に圧縮され、まるで走馬灯のようにして観客の前に差し出される。こうした時間のありようを、ひとまず〈圧縮された時間〉と呼んでみることにしよう。

> ときどき、彼は自分のいる場所がわからなかった。現在と過去がまじり合い、重なり合った。やがて、どこも本当に自分の場所ではなく、どこも自分の故郷ではないので、どこであろうと即座に、そこの人間になる習慣が身についた。[5]

> わたし自身をフィルターにして、現実を濾過しなければ（原文ママ）ならない。そうすれば木を、わたしの一部を、その木に当初興味を覚えたわたしという存在のあり方を記録することができる。あなた方が『ウォールデン』に見いだすニューヨークが、わたしのニューヨークと異なっているのはそのためなのだと思います。それはわたしのニューヨークであり、おそらくわたしの子ども時代なのです。[6]

ここで描写されている方向感覚の失調と時間意識の崩壊は、メカスの個人的体験に留まるものではなく、彼のフィルム作品を鑑賞した者の多くが感じることだろう。撮影の日付や地名をテロップで示し、時系列順に並べるだけのシンプルな構成にもかかわらず、我々はしばしばメカスと共に「自分のいる場所」を見失い、「どこにもないところ（nowhere）」へと連れ去られる。

その要因が〈圧縮された時間〉にあることは明白だが、ここでは音声の扱いについても指摘しておきたい。『ロストロストロスト／何もかも失われて』を始めとして、メカスのフィルム作品は基本的に同録ではなく、代わりに別録のナレーションやBGM、環境音が重ねられている。スクリーンに映る人びとは声を失い、そのとき何をしていたのか、何を語っていたのか、なぜ笑っていたのかといった文脈がごっそり抜け落ちる。現実はメカスというフィルターによって濾過されて、初めて映画になるのである。

抜き出された時間　『グリーンポイントからの手紙』

二〇〇四年に八〇分の長編『グリーンポイントからの手紙』を完成させたメカスは、「これこそ、わたしの初めての本当のビデオ作品」[7]であるとの手応えを得ることができたという。

> 一九四九年にボレックスで撮影を始めたとき、それを完全に手の内に収めるのに一五年かけた。ボレックスが自分の思うとおりに動くようになるまでに、それだけの時間がかかった。一九八七年に最初のソニーのビデオカメラを手に入れたとき、今度は違うと思った。ところがそんなことはない。今になってようやく、ビデオカメラを一五年使った後にようやく、カメラがわたしの目、わたしの身体の延長になったと感じることができる。[8]

メカスは同じテキストの中で、『グリーンポイントからの手紙』を見た友人ドミニク・デュボスクから受け取った称賛の手紙を紹介している。「きみはとうとうこの憎たらしいビデオカメラを、大昔から（今でもほとんどの人には）テープレコーダー以外の何物でもなかったビデオカメラを手なずけたのではないか」[9]――デュボスクのこの言葉は、メカスのビデオ作品の本質を見事に言い当てているように思える。

そもそも磁器録音の原理をもとに開発された技術であるビデオにとって、映像と音声は切っても切り離せない関係にあり、またその点こそが、フィルムとビデオを分ける決定的な違いであると見做されてきた。また長時間の録画・録音が可能であることも、ビデオのテープレコーダーとしての役割をさらに強調することになるだろう。ビデオアーティストのスタイナ・ヴァルスカは、まさに「音声」の問題のために、メカスは当初ビデオを好まなかったと証言している。

> 彼（引用者註：メカス）は「どうしてヴィデオ作家たちはサイレントの作品を作らないのか？　われわれはみんなサイレント映画から出発したではないか」と言っていました。これは私がヴィデオというメディアに関して見聞きしてきたなかで最大の誤解といえます。ヴィデオには常にオーディオ・トラックがつきものであり、音を入れないようにするためには、それを意図的に無視しなければなりません。[10]

このときメカスが否定的に見ていたビデオと音声の密接な関わりは、いつしか肯定的に捉えなおされ、彼のビデオ作品の中核的要素に据えられることになる。

最初期のビデオ作品『Self-Portrait』（一九八〇）は、まさにテープレコーダーとしてビデオカメラを扱った典型例だ。メカスは友人に撮影を委ね、約二〇分間ノーカットでカメラに向けて語り続ける。あるいはその十年後に制作された『A Walk』（一九九〇）でも、五八分間一カットの長回し撮影がおこなわれている。

メカスは目についたものにコメントしたり、思いついたことを口走りながら、ビデオカメラと共に雨天のソーホーを散策する。

このように長回しと同録がビデオ撮影の基本スタイルとなり、メカスのフィルム作品を特徴付けていたコマ撮りや短いショットの羅列は影を潜めた。またカットを割る際は、録画の開始と停止のタイミングを、人物が語り始めてから言葉が途切れるまでの長さとほぼ一致させている。要するに、撮影対象の動きや色彩といった視覚的側面ではなく、語る声やその意味内容といった聴覚的側面に沿った編集方針がとられているのである。

こうした聴覚優位の撮影と編集は、映像のリズムを否応なく弛緩させる。画面は緊張感を失い、冗長になる。かつてメカスがサイレント映画を持ち出してビデオアーティストたちに疑問を投げかけたのも、多くのビデオ作品が音声に従属することで映像の自律したリズムを損ねていることが耐え難かったからだろう。そして、満を持して発表された『グリーンポイントからの手紙』は、まさにこの問題への解決策を示す作品だった。

同作もまた、ビデオカメラをテープレコーダーのように使用する。自分自身、もしくは他者の語りを十全に収めるために、長回し撮影主体で作品を構成している。だがメカスは、素早くカメラを回転させて切り返しショットを生み出したり、本の頁や写真に勢いよくカメラを寄せて場面転換に似た効果を生み出すなど、擬似的なカット割りを導入することで映像にリズムを持たせ、聴覚優位による画面の単調さから逃れている。そうかと思えば、録画状態のまま無造作にカメラを手放し、あえて冗長な時間を残すことで作品に緩急をつけることもある。フィルム時代から蓄えてきた豊かなアイデアと自在なカメラワークを駆使して、途切れることのない音声と、自律した映像のリズムとを両立させているのである。

ただし注意すべきは、ここでメカスが体得したビデオ作品のリズムは、フィルム作品のリズムとはやはり異なるものだということだ。端的にいえば、上述したビデオ撮影のスタイルから〈圧縮された時間〉が生み出されることはない。なぜなら、長回しの範疇でおこなわれる切り返しや場面転換はあくまで「擬似的」なものであり、一カットの長さは撮影時の物理的な時間の長さと正確に一致するからだ。ここで観客に与えられるのは、現実という時間軸の二点にハサミを入れて、その断片をそのまま抜き出してきたかのような時間である。カメラという機械の眼が、人間というフィルターを通さずに自動的・客観的に記録した時間である。これを〈圧縮された時間〉と区別して、〈抜き出された時間〉と呼んでみることにしよう。

記録メディアの移行に伴う〈圧縮された時間〉から〈抜き出された時間〉への変化。メカスのビデオ作品が今日まで冷遇されてきた要因はおそらくここにある。彼のフィルムを愛してきた観客は、〈抜き出された時間〉ではなく〈圧縮された時間〉を求めていたのだ。膨大な映像を浴びるように見ることで、現実とは異質な時間が流れる「どこにもないところ」へ誘われたかったのだ。そうした期待に反し、ビデオはあまりにも正確・精細に物事を記録しすぎていた。同録音声は、現実を濾過することなく、撮る者と撮られる者との間で交わされた会話の内容や固有の文脈をあまりにも生々しく残していた。〈抜き出された時間〉は、観客がメカスに同化して、己の方向感覚や時間意識を失う快楽に身を委ねることを固く禁じるのである。

データベース映画 「三六五日プロジェクト」

私見では、ビデオへの移行を果たしたメカス自身も、実は〈圧縮された時間〉を捨てきれていなかったのではないかと思う。とはいえ、もちろん彼は長い時間をかけてビデオの性質と向き合った上で〈抜き出された時間〉を選んだのであり、ビデオカメラでボレックスもどきのコマ撮りに励んだり、事後的な編集を加えてフィルムを模倣するような真似は決してしなかった。代わりに試みたのは、『グリーンポイントからの手紙』で一つの達成を見た撮影スタイルの構築から、新たな鑑賞形態の模索へと軸足を移すことである。一定時間、映画館の座席に座りひとつのスクリーンを凝視し続ける体験から離れることで、メカスは〈圧縮された時間〉

と〈抜き出された時間〉の両立を図るのだ。

二〇〇六年一二月、WIREDニュースに掲載されたインタビュー記事で「三六五日プロジェクト」(365 day project)の決行が予告された。[11] 二〇〇七年一月一日から一年間、メカスが毎日一本の短編動画を制作し、自身のウェブサイト上で配信するというもので、公開当日の視聴は無料。課金すれば過去の動画も見ることができた(現在はすべて無料で視聴可能)。動画の内容は、一九八七年から撮りためてきた未編集のビデオ映像と、新たに撮り下ろしたビデオ映像が中心となる。時折フィルムで撮られた映像や、友人・家族が撮影した映像が用いられることもあった。二〇〇七年の一二月三一日、メカスは実際に三六五本の動画配信を成し遂げ、無事にプロジェクトを完了させた。

このプロジェクトをどのような単位で捉えるべきだろうか。独立した短編作品が一日一本公開され、計三六五作品が集積しているのだと見ることもできようが、その後の展開を考慮するなら、一日一シーンの集積として構成された一本の映画として「三六五日プロジェクト」を捉えたほうが実態に即しているのではないかと思う。サーバ上に置かれた三六五本の動画(データベース)と、それにアクセスするためのウェブサイト(インターフェース)の二層構造になっているという点で、この試みをレフ・マノヴィッチが提唱する「データベース映画」[12]の一種と見ることも可能だろう。

ウェブサイトにアクセスすると、二〇〇七年一月に公開された動画のサムネイル(各動画から一フレームを抜き出し、縮小させた見本画像)が表示される。鑑賞者は、上部メニューから別の月のページに移動したり、任意のサムネイルをクリックしてその日の動画を見ることができる。いささか大げさな言い方になるが、自分の好きな順序で各動画にアクセスすることで、メカス作品の異なるバージョンを無限に構成・鑑賞することができるというわけだ。

ところで、ずらりと並んだ三一枚のサムネイルを見て筆者が思い浮かべたのは、メカスが九〇年代中頃から発表を始めたプリント写真の連作「フローズン・フィルム・フレームズ」[13]だった。これは過去に制作した映画のフィルムをスライドに起こし、数コマを選んで印画紙（チバクローム）に焼き付けたもので、言うなればコマ撮りという「映画と写真の境界線上」にある映画制作のスタイルを「写真」の側から捉え返す試みである。この作品の鑑賞者は、実際にプリントされた数フレームの前後にもまだまだフィルムリールは続いているに違いないと想像を働かせる。わずかな断片から、メカスが生きて撮影した膨大な時間を感じ取ることができるのである。

同様に「三六五日プロジェクト」のサムネイルも、日々蓄積されたビデオの存在を示すインデックスとして機能する。それをクリックすれば、より長時間の動画にアクセスできるのだという予期を生じさせる。別の言い方をするなら、ここでメカスは、一ヶ月分の動画を三一枚の画像に置き換えて一瞥可能なウェブ画面上に配置することで、〈圧縮された時間〉を実現させている。「三六五日プロジェクト」の二層構造とは、〈抜き出された時間〉が記録された映像の集積であるデータベースの層と、それらを空間的に配置して〈圧縮された時間〉を生み出すインターフェースの層という、二つの時間の重ね合わせなのだ。

この解釈が牽強付会でないことを示すために、「三六五日プロジェクト」から派生したメカスの個展を取り上げよう。[14]二〇〇七年にＭｏＭＡ・ＰＳ１で開催された「The Beauty of Friends Being Together Quartet」、あるいは二〇〇九年にアニエスベーのギャラリー・デュ・ジュールで開催された「A Few Things I Want to Share with You, My Paris Friends」において、メカスはナム・ジュン・パイクさながらに、四列・四段に積み重ねた一六台のモニタを設置。「三六五日プロジェクト」で制作した動画のマルチチャンネル上映を試みた。二〇一四年にＺＫＭで開催された「365 Day Project」では、さらに規模を拡大し、五二台のモニタを用いた同時上映がおこなわれている。

いずれも現代美術としてはありふれた展示形態だが、もとよりメカスは斬新な展示や実験を目指してなどいない。彼にとって重要なのは、たとえ個々の映像が〈抜き出された時間〉であっても、それらを一挙に浴びるように見れば〈圧縮された時間〉が生み出せるという発見だった。そしてこの展示形態――大規模なマルチチャンネル映像のループ再生――をフィルム映写機でおこなうのは技術的に困難であり、実際に展示を実現するためには、ビデオの登場を待たねばならなかった。メカスは撮影・編集の局面だけでなく、展示・鑑賞の局面においてもビデオの特性を掴み、画家の絵筆のように使いこなそうとしたのである。

あるいは二〇一五年のヴェネチア・ビエンナーレでおこなわれた複合的な企画「Jonas Mekas: Internet Saga」を見ても良い。ヴェネチア唯一のバーガーキングに展示された《In an instant it all came back to me》は、「フローズン・フィルム・フレームズ」シリーズの発展形である。そこでメカスは、映画フィルムの数コマを印画紙ではなく透明フィルムにプリントし、ステンドグラスのようにして店舗の窓に貼り付けていった。三二の窓枠内に七六八枚の静止画像が敷き詰められたその光景は、「三六五日プロジェクト」のサムネイルを現実空間上に移し替えたものとして見ることもできるだろう。やはりメカスは〈圧縮された時間〉に執着している。時間を極限まで圧縮して得られるのがサムネイルであり、それが空間を埋め尽くすことで、メカスが生きて撮った膨大な時間が一瞬の眼差しのもとに解凍・再生される。こうしてメカスは、フィルム時代とは別の仕方で「どこにもないところ」へと辿り着いたのだ。

ジョナス・メカスの部屋

先にも触れたように、「三六五日プロジェクト」の映像素材には、過去に撮影した未編集・未公開のビデオやフィルムが用いられることもある。そのため、例えば二〇〇七年三月一日の日記であるにもかかわらず、二〇〇六年七月三日のマドンナのコンサートが映し出されるといったことがしばしば起こる。

データベースやアーカイブと呼ぶにはあまりにも不確かで、錯綜したこの時間意識こそが、メカスをメカス足らしめているのだと語ることもできようが、他方でその曖昧さは、戦中にリトアニアで極右雑誌の編集に携わり、反ユダヤ主義的な政治運動にも関わっていたのではないかと疑われる一因にもなった。[15] メカス自身が差別的な記事を書いたりユダヤ人迫害に直接関与した証拠はないが、映画批評家の大寺眞輔がいうように、メカスを賛美・擁護しようとするあまり事実や歴史を軽視するようなことがあってはならないだろう。[16] 我々は今後、その美しさや心地よさを無批判に享受するのではない仕方で、「どこにもないところ」からの手紙を読み解いていかなければならない。

二〇一五年におこなわれたインタビューで、単線的な時間軸に沿った映画制作から離れたのはなぜかと問うハンス・ウルリッヒ・オブリストに対して、メカスは次のように答えている。

　わたしは理論的思考を持ち合わせていません。わたしはいまだ農民です。自分のことを農家の息子と呼んでいます。地に足をつけて、実用的で、目の前にあるものだけを扱います。時間の単線性については、理論的にも実践的にも考えていません。わたしにとっては時間も記憶も存在しないのです。家にあるすべての素材――すべての本とそこに書かれていること、すべての資料、わたしが持っているすべてのガラクタ、ビデオテープ、フィルムリールはいずれも素材であり、記憶ではありません。それらは制作のための素材であり、わたしはその素材を使って作ります。通りに出かけて映画を撮るときと同じように、そこにひとつの現実があって、それをフィルムやビデオに撮る自分がいる。それはきわめてリアルなことなのです。[17]

フィルム（映画）、写真、ビデオ、インターネットと様々なメディアを渡り歩きながらも、メカスが一貫してこだわり続けた「どこにもないところ」とは、実のところ、彼の自宅兼スタジオのことだったのではないかという気がする。[18]

映画やビデオを鑑賞し、ウェブサイトにアクセスする我々は、メカス宅への訪問者である。フィルム缶やビデオテープが堆く積み上がり、DVDや書類、開きっぱなしの本が乱雑に置かれた、お世辞にも片付いているとはいえない部屋。しかしよくよく観察してみれば、そこには独自の秩序がある。メカスにとっての有用性や親密さに応じて決められた距離と布置。一種のビオトープが形成されている。[19] 机上には、常日頃から繰り返し見ていると思しきビデオ。床置きされた箱の中には、何年も映写機にかけられてなさそうなフィルム。外箱のラベルに記されたタイトルや日付に、否応なく想像をかき立てられる。目立つところに飾られたものもあれば、隅に追いやられたものもある。おそらく訪問前に片付けられたものや、捨てられてしまったものもあるはずだ。各種のメディアに圧縮(プレス)された無数の時間が堆積し、現在と過去が混淆・重層したこの場所で、我々はジョナス・メカスという人間と何度でも出会うことができる。わたしやあなたが望むかぎり、対話はいつまでも続くだろう。

1　ジョナス・メカス『ジョナス・メカス——ノート、対話、映画』木下哲夫訳、森國次郎編、せりか書房、二〇一二年、二三八頁。『ロストロストロスト／何もかも失われて』のコメンタリー（飯村昭子訳）。
2　同前、三三頁。ジョナス・メカス「未来は愚か者の手のうちにある」初出「ジョナス・メカス作品展——静止した映画フィルム」カタログ、東京都写真美術館、一九九六年。
3　土居伸彰『個人的なハーモニー——ノルシュテインと現代アニメーション論』フィルムアート社、二〇一六年、一〇〇～一〇一頁。
4　前掲『ジョナス・メカス——ノート、対話、映画』三三頁。「未来は愚か者の手のうちにある」。

5　同前、二三八頁。『ロストロストロスト／何もかも失われて』のコメンタリー。

6　同前、七〇頁。「日記映画（『ウォールデン』）をめぐる対話」。

7　同前、二一一～二一二頁。『グリーンポイントからの手紙』の作品解説。

8　同前、二一一～二一二頁。

9　同前、二一一頁。

10　クリス・メイ＝アンドリュース『ヴィデオ・アートの歴史――その形式と機能の変遷』伊奈新祐訳、三元社、二〇一三年、一二二頁。二〇〇〇年九月におこなわれたヴァルスカ夫妻と著者との会話。

11　Jason Silverman (December 19, 2006) . Short Films From a Long Life. Wired News. Retrieved from https://www.wired.com/2006/12/short-films-from-a-long-life/　なお『三六五日プロジェクト』は、現在もジョナス・メカスの公式ウェブサイトで見ることができる（http://jonasmekas.com/365/month.php?month=1）。ただし二〇〇七年と現在とではサイトのデザインが変わっている。当時のプロジェクトの様子については次の論考とブログ記事を参考にした。三上勝生「ジョナス・メカスによる三六五日映画の軌跡――記憶と忘却の狭間で」『札幌大学総合論叢』第二五号、二〇〇八年三月。三上勝生「Index of Jonas Mekas' 365 Films, 2007」ブログ「記憶の彼方へ」二〇〇八年一月一日。https://elmikamino.hatenablog.jp/entry/20120608/p3

12　データベース映画については次の文献を参照。レフ・マノヴィッチ「リアリティ・メディア――DV、特殊効果、ウェブカム」堀潤之訳、『InterCommunication』五〇号、NTT出版、二〇〇四年。レフ・マノヴィッチ『ニューメディアの言語――デジタル時代のアート、デザイン、映画』堀潤之訳、みすず書房、二〇一三年。

13　「フローズン・フィルム・フレームズ」については次の文献を参照。ジョナス・メカス『フローズン・フィルム・フレームズ――静止した映画』木下哲夫訳、オシリス、一九九七年。

14　ジョナス・メカスの各美術展示については、公式ウェブサイトと次の記事を参照した。Natasha Kurchanova

(October 9, 2015) . Jonas Mekas: `I have a need to film small, almost invisible daily moments, . studio international. Retrieved from https://www.studiointernational.com/index.php/jonas-mekas-interview-365-day-project-microscope-gallery-brooklyn

15 Michael Casper (June 7, 2018) . I Was There. The New York Review of Books. Retrieved from https://www.nybooks.com/articles/2018/06/07/jonas-mekas-i-was-there/

16 大寺眞輔「ジョナス・メカス、追悼ともう一つ」ブログ「Indie Tokyo」二〇一九年一月一九日、http://indietokyo.com/?p=10582

17 Document Journal (January 23, 2019) Filmmaker Jonas Mekas Skypes with Hans Ulrich Obrist about the rise of the .net generation. Document Journal. Retrieved from https://www.documentjournal.com/2019/01/jonas-mekas-by-hans-ulrich-obrist/（筆者訳）

18 ジョナス・メカスの自宅兼スタジオについては、メカスの映画・ビデオ作品や公式ウェブサイトに掲載の動画などでその様子を垣間見ることができる。また次のウェブ記事を参考にした。Omi Tanaka（写真）「【フォトギャラリー】インディペンデント映画監督ジョナス・メカスのスタジオを訪ねて」「HEAPS Magazine」二〇一七年八月五日、https://heapsmag.com/jonas-mekas-independent-film-director-studio-photo-shoot

19 書評家の永田希は『積読こそが完全な読書術である』（イースト・プレス、二〇二〇年）において、メディア毎に新たなコンテンツが過剰に供給されていく情報の濁流に抗して、自分なりの秩序——積読本（未読本）や未視聴映像なども含めた情報の布置——を持ったビオトープ（ある場所の小さな生態系）を作ることを推奨している。「積読」の積極的な意義を語る同書の論点は、自分の日記映画について「どれくらいを見るかは問題ではない」「どうだっていいこと」（DVD『ウォールデン』解説ブックレット「ザ・ウォールデン・ブック」イメージフォーラム、二〇一三年、一一頁）と語るメカスの作品を読み解く上でも示唆に富む。

ジョナス・メカスとヴィルジニー・マーシャン
ダンスと映像、そして大野一雄

吉田悠樹彦

後年のメカスの来日

二〇〇六年、映像作家でダンサーのヴィルジニー・マーシャンによる六本木にあったクラブのスーパー・デラックスで行われた公演「リーラの遊びのなかで Virginie Marchand's tribute to Kazuo Ohno ～大野一雄トリビュート～」でマーシャンとジョナス・メカスに私は会っている。これはダンスとビデオ・インスタレーションによる公演だった。私はメカスと実験映画の保存・保管・上映を目的とした非営利団体であるアンソロジー・フィルム・アーカイヴズについて話した。大野一雄（一九〇六―二〇一〇）とは土方巽らと舞踏を作り上げ一〇三歳まで生きた伝説的な舞踊家だ。代表作に『ラ・アルヘンチーナ頌』、『わたしのお母さん』、『死海』、『睡蓮』がある。高齢になっても旺盛な活動は世界に衝撃を与えた。マーシャンは作品に『ブルックリン・サルバドール』（二〇一二）、『エクアドル　一二月』（二〇一四）、『てんかん症のオペラ舞踏』（二〇一四）などがあり、『てんかん症のオペラ舞踏』には映画批評家・映画監督のドナルド・リチーが出演している。マーシャンは大野一雄やメカスからみると孫世代にあたる新進作家だ。異界の地や人間の精神の深層を作品で描くことにその特色がある。

二〇〇五年から二〇〇七年までにマーシャンは大野一雄舞踏研究所を年に一度ずつ、計三回にわたって訪れた。当時の大野一雄は九九歳から一〇一歳という最晩年を迎えていた。マーシャンはメカスと二〇〇四年にパリで出会った。二人をつなげたのは樹木や自然への愛情だった。彼女がいつも携えていた木のカケラをメカスに渡すと、彼はその意味を理解した。メカスは樹のエネルギーを撮影しようとしていた。公園で樹木に抱き着く彼女をメカスは撮影した。仕事上のパートナーとして二人は共に活動することになった。二〇〇八年までこの状態は続き、それ以後もメカスの最晩年まで共に活動した。二人のつながりは自然、音楽、ダンス、映像作品を制作すること、そして旅行をすることだった。その姿は日本のメディアにも紹介されている。雑誌『Esquire エスクァイヤ』（日本語版二〇〇六年二月号）では、「恋愛映画のクオリティ。」と題された特集において、マーシャンとメカスの二人はそれぞれ好きな映画作品を紹介している。米国、カナダやフランスでもマーシャンとメカスの活動は紹介された。メカスの日記映像には『三六五日プロジェクト』（二〇〇七）のようにダンスも登場する作品がある。この作品の八月五日のくだりにマーシャンは登場する。

マーシャンは日本で育つが、五歳の時にフランスへ戻る。その後、周囲の子どもたちと過ごしていくために、幼少時に学んだ日本語を生活環境で話さなくなり、その代わりにダンスを踊るようになった。移民であったメカスは詩人でありながら映像という非言語表現を駆使した。マーシャンもまた詩も書くが非言語表現を選んでおり、その意味では二人に共通点を見いだせる。

マーシャンの軸は自己表現にあり、人や歴史には深くとらわれすぎない。彼女は米国、メキシコを含む中南米やインドでも活動した。メカスと同じように映像作品を多く残しインスタグラムやYouTubeなどネットでも作品を配信している。前衛劇のアルトーを読むような場面も作品の中に登場する。[1]

マーシャンはメカスと知り合う二年前の二〇〇三年、パリで踊っていた時にあるカメラマンから「日本の舞踏みたい」といわれた。しかし、彼女はまだ日本の舞踏を知らなかった。やがてメカスを通じて舞踏や大野一雄について知り、感動して学ぶようになる。また、映像についてはメカスに出会う前にパリ国立高等美術学校で学んだ。映画史における生き証人のようなメカスと接したことは学校の授業のようでもあったという。彼女へのインタビューは最後に収録する。

メカスは映画のみならず文化芸術全般に深い見識を持っている。活動の場のニューヨークの歴史の一部のようなこの芸術家は、この街の舞踊文化が豊かな時代を謳歌してきた。『トップ・ハット』(一九三五)など数々のミュージカル映画の傑作で知られる、スターのフレッド・アステアとメカスが踊ったことがある。ジョン・レノンとオノ・ヨーコのミュージック・フィルム兼ドキュメンタリー映画『イマジン』(一九七二)では、アステアとオノやレノン、ジョージ・ハリスンが登場するシーンの中に踊るメカスがあらわれる。メカスは若き日の演劇経験からリハーサルを行わず、歴史的なダンサーとパフォーマンスを行った。それは最初で最後の、そして最高のダンサーとしてのキャリアだったと『ア・ダンス・ウィズ・フレッド・アステア』でユーモアを込めて回想する。なお、この書籍には映画の場面写真も掲載されている。[2]

マーシャンが感じたメカスの映像の面白さは、「世界への愛」というキーワードに集約される。メカスの愛の対象はニューヨークのアーティストたちであり、時に大野一雄であり、それがメカスのポエジーとしての映像の源流であると述べる。

これまで多くの先人が指摘したことだが、メカスは米国の詩人ヘンリー・デイヴィッド・ソローの『ウォールデン　森の生活』を若い時から読んでいる。リトアニアやバルト三国が歌う革命を迎え、新しい機運が高まってきていた一九九〇年代に刊行した『どこにもないところからの手紙』は農民の子として生まれたメカスによる文明論だ。同書において「世界はそれ自体ひとつの大きな農場である」(第七の手紙)と記すメカスは、大地や自然の中で生き、新たな思考のみならず太古の知も重んずる視座も持っている。

後のインタビューにあるように、マーシャンの語るメカスには自然や樹木、農民といった横顔に加えて、世界への愛や「天使」といった要素も見いだせる。

大野一雄に話を戻すと、最晩年に車椅子での生活を余儀なくされていた大野と舞うマーシャンの映像はメカスが撮影している。一方でそれを編集したのはマーシャンだ。当時、九九歳・一〇〇歳を迎えた大野の誕生日パーティーに招待され映像も収録した。

この当時、大野一雄舞踏研究所でマーシャンは映像を撮影・編集していてもダンスを踊っても、スタッフからあまり芳しい反応はされなかった。そのことに戸惑いながらマーシャンとメカスは気がつくようになる。大野一雄舞踏研究所の面々はすでに高名だったメカスのことを、すでに出来上がって固まった既成の表現としての古典と考えていた。「そんな彼らはアヴァンガルドとは言えなかった」という。メカスは大野一雄舞踏研究所の対応をみながら、「アヴァンガルドは常に批判されるものだ」と語った。二人は共に気にせず大野を撮影し作品を制作した。メカスはこの映像が公開されるときに必ず見て欲しいというメッセージを送った。映画監督・俳優のマーティン・スコセッシはこの映画に興味を持ち賞賛する内容の手紙をマーシャンへ送ったという。

アルツハイマー型認知症との闘病生活となり、寝たきりの状態にあった最晩年の大野は、周囲の人間とのコミュニケーションがスムーズではない状態にある。しかし、マーシャンがこの芸術家と向かい合い、リードするように動いていくと、ときおり大野ははっきりと意思を持ったように手を動かすなどして反応していく。マーシャンはこの大野の反応に驚かされ感動したと述べる。彼女が集中していなかったとき、大野は彼女が再び集中するまでその踊りを止めていたという。

To My Friends:

I almost forgot to tell you, that this Sunday /26th/ 3:00 pm and Monday /27th/ 7:30pm, at Anthology Film Archives, there will be a screening of KAZUO OHNO TRILOGY, a film by Virginie Marchand, which I urge you not to miss. Not only because it's Kazuo Ohno birthday, or because I did camera work on it, but because Kazuo Ohno was one of the great dancers of the XXth Century. Even at 99, and 100, against everything that seems to go against it, he dances. He dances as a manifesto, as a testimonial that art, via Butoh dance, has a dominion over the old age.

メカスが友人たちへ呼びかけた手紙

マーシャンは大野の表現や存在の向こうに光を感じ、また彼の世界への愛を思った。

舞踏を撮影した映像は昔から存在する。日本人ではメカスと交友があった飯村隆彦（一九三七年―）が知られているが、海外の映画監督たちも舞踏に挑み、『KAZUO OHNO』（ダニエル・シュミット、一九九五）など良く知られる作品も多い。大野一雄と仕事をしたペーター・ゼンペルは舞踏を撮影した映像のみならず、メカスを描いた作品も制作している。カメラマンの大津幸四郎も大野を撮影したことも見逃せない。大津は小川紳介や土本典昭ともタッグを組んだ経験があり、ドキュメンタリー史を語るうえで欠かせない存在だ。大津は『魂の風景　大野一雄の世界』（演出・平野克己、一九九一）ではロケーションを重視し撮影したと述べる。自ら監督した『大野一雄　ひとりごとのように』（二〇〇五）はフィルムではなくビデオで撮影し、踊りにハサミが入らない形で編集した。[3]

大野一雄を撮影した舞踏の映像では踊りの醍醐味や後年・晩年の大野一雄という大きな存在に注目することから、どうしても撮影する側と撮影される対象の間に一線が生まれる。しかし一味違うのがマーシャンによる作品だ。マーシャンの作品では、必ずしも被写体の美しい側面のみに着目がなされるわけではない。またカメラを通じて撮影する側／撮影される側という区分を映像の中に強く生みださない。被写体との距離感はゼロに近く、いわば撮影者が対象と一体化するものであり、こうした持ち味はメカス、また舞踏の作品に参加しながら作品を撮影した飯村に通じるものである。また機材としては、手で持ちながら撮影可能なビデオカメラを用いて撮影している。

大野一雄と光

ヴィルジニー・マーシャンの代表作の一つが『大野一雄　三景』（二〇一〇）だ。三部構成の映画だが、一つ一つの部はそれぞれまとまった一作品であるという。作品にはジョナス・メカスとゾルタン・オーヴィユ、そしてマーシャンが撮影した映像が用いられ、プロデュースはメカスによる。

冒頭は九九歳の大野一雄の映像だ。二〇〇五年の誕生日とさらに数日撮影した。前述のように、当時の大野はもはや立って歩くことが厳しい状態にあり介護も受けていた。椅子やベッドの上に大野が佇んで、マーシャンが一緒に踊っていく。彼女は大舞踊家に光を強く感じたと述べる。このような時に大野がみせたのは、映像にあるように実にシンプルで無駄がなく広がりがある身体表現だった。偉大な芸術家のバースデー・パーティーの様子やバラを携えて踊る息子・大野慶人も登場し微笑ましい。やがて作品の舞台はインドへと飛ぶ。マーシャンは大野の記憶を思い起こしながら広大な大地を旅していく。この地の芸能者たちも登場する。やがてヒマラヤの熊の牙が登場する。そして一〇〇歳を迎えた大野一雄にその牙をささげる。熊は北海道出身の大野一雄の舞踊や稽古の中にイメージとして登場するが、マーシャンが見出したともいえるだろう。映画は、ニューヨークでの彼女のパフォーマンスのシーンでクライマックスになる。

メカスが撮影したこの大野一雄の映像は、二〇〇〇年代後半の映像であることを示すように、彼が長年慣れ親しんできたボレックスではなく、当時の新しい機材を用いて撮影されている。『リトアニアへの旅の追憶』(一九七二)や日記映像で多用される文字によるメッセージや不可思議な音など、多様な素材を通じて映像にあるものにとどまらない、あらたな意味を立ち上げていく。この日記映像のスタイルを通じてメカスはフルクサスのメンバーやニューヨークの演劇・ダンス関係者を記録した作品を多く制作している。しかし本作ではより現場のライブ感が強く打ち出されている。

大野は関東学院大学や捜真女学院で教えた。彼はキリスト教教育の坂田祐に影響を受けており、自身もクリスチャンとして洗礼を受けている。作品には『死海』などキリスト教の影響を感じさせる作品が少なくない。この映像作品を通じて描いた大野にとっての光は、クリスチャンの神と考えても良いであろうとマーシャンは述べる。

自ら『犠牲 Gisei』（一九五九）など土方巽ら当時の舞台芸術のアーティストを撮影した映画を制作しているドナルド・リチーは、映画の中で舞踏は純粋なダンスであると述べた。舞踏が日本で広まり国際的に認知されていくと、次第に「これが舞踏だ」「これは舞踏ではない」といった枠組みが形成され、こうした枠組みが保守的に機能するケースも現れてきた。この作品も保守的な視点によって攻撃される対象になったことは否定できず、そのような体質を変えることが重要だ。

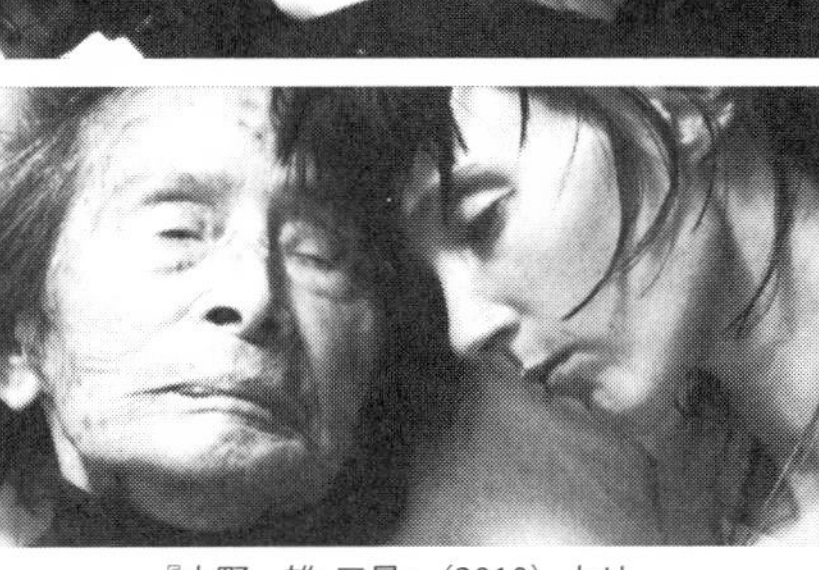

『大野一雄 三景』（2010）より

映画史の中でマーシャンの映像をみてみるとやはりジョナス・メカスの確立した日記映像のスタイルから出てきている。大野一雄とのダンスシーンでは、先述のように被写体との距離感の近さにその影響をみることができる。マーシャンは自らもダンサーであることから、ほぼ一体化するような形で大野一雄に向き合うため、それぞれの呼吸や間合い、髪の表情や肌の美しさ、そして表現者ならではの肉体の微細な表情をしっかりと記録している。やがてインドへの旅に移ると、情景の合間に不意に大野の顔が登場するといった編集スタイルもメカスに通じるものがある。メカスが長い歳月で積み立ててきた手法を十二分に活用しながら、舞踏というジャンルに収まらない映像や身体を通じた視覚表現の新しい枠組みに挑戦をしてみせたのではないか。
マーシャンは、映像表現においては時にはノイズや荒々しい画質のシーンも混じるようなタッチがプログレッシブな持ち味を立ち上げる。特にマーシャンの心象風景を表現する場面にこれは顕著だ。身体表現においては日本を経た東洋的な感性も映えるジェスチャーが印象的な世界が展開されていく。特に最後を締めくくるマーシャンのソロダンスではこの傾向が発揮される。このような、マーシャン独自の映像表現と身体表現が融合し、エクスペリメンタルな視覚表現を生みだす。インドへの旅といった時空の変化や大野に熊の牙を捧げるといった物語を演出し盛り上げるのもこの作風だ。

優れたダンス映像として今日語られるマヤ・デレンやポストモダンダンスの代表作家であるイヴォンヌ・レイナーの作品と比べてみても異色な個性の際立つ作品だ。デレンやレイナーはそれぞれ傑出した作家でありながらも、このようなメカスからの影響にあたる要素、もしくはメカスに先行する要素は持っていない。本作は撮影者自らが大野と一体化しパフォーマンスするなど飯村隆彦のシネ・ダンスを彷彿ともさせる際立った作品であり、同時に最晩年の大野一雄とその踊り、そこから導かれるイメージを愛情豊かに描くことも成功している。

この作品が出たときにメカスはマーシャンにトリロジーではなく一つにすべきだと述べるメールを送っている。そこで彼女はメカス没後の二〇二〇年に一つにまとめた作品『光への四つの道　大野一雄トリロジー』を制作した。すっきりとより明確に内容が伝わる構成となっている。

ニューヨークとダンス映像

映像と演劇は関係が深いが、同じように映像とダンスも重要なつながりにある。ニューヨークと日本のシーンも古くからつながりがあった。[4]

メカスは米国で活動する移民の映像作家・詩人として戦後映画と舞台芸術の一つの全盛期を経験している。演劇やダンス、パフォーマンスとも広く接している。例えば、『メカスの難民日記』にバレエ史を代表する才能の一人であるジョージ・バランシンの『火の鳥』を観た（一九四九年一二月五日）という記録を残している。[5] この演目はバランシンとロビンスの共同振付によるニューヨーク・シティ・バレエ団が前月末に初演したものと考えられる。画家シャガールによる良く知られた舞台美術を用いていた。『メカスの映画日記』にも上演芸術に関する記載が登場する。一九六四年一〇月二九日には「映画とダンスについて」というタイトルでジャドソン・ダンス・シアターや映像を用いたダンスの現代表現を見た記録が残されており、また一九六五年一一月一八日にはスタン・ヴァンダービークらがエキスパンデッド・シネマとしてダンサーやダンスのイメージを上映に用いる作品を発表していることを記録している。[6] 当時、若手の映像作家の作品には上演芸術と接するものが多く、作曲もしたドナルド・リチーもバレエを若い時に見ていると私に語った。[7]

映画評論・舞踊評論のリンカーン・カースティンは評論ではバランシンとニューヨーク・シティ・バレエ団の共同設立者になるなど大きく貢献した。彼はハリウッドなどに触れながらアメリカ映画史が立ち上がってきた時代を背景としたダンス映像史をまとめた『映画の中のダンス』を含む映像や写真、美術で優れた評論を残した。

このニューヨークの映像作家たちには映像史のみならず米国の文化史の観点からも興味深い才能がいる。例えば映画・写真のルディ・ブルクハルトがいた。ブルクハルトはメカスが作品の批評を書いてくれたことを述べる。[8] 彼はスイスの名門のブルクハルト家の出で、ファミリーには思想家のヤーコプ・ブルクハルトもいた。ブルクハルトの作品には舞踊批評家・詩人のエドウィン・デンビーも登場した。二人はスイスで出会った。デンビーは「ダンスワーク」という概念を提唱した戦後の重要な舞踊批評家だ。彼には絵画のデ・クーニングに関する著作もあり、詩人として戦後アメリカの文化史に名を残している。デンビーは特にバランシン、マース・カニングハムを論じた。ロバート・ウィルソンとも交流が深かった。ブルクハルトとデンビーは映像でも書籍でも多く共同作業をしている。

ブルクハルトは写真家のロバート・フランクやリチャード・アヴェドンと同時代人にあたる。彼の映画・写真の特色は対象を構図などで工夫しながら幾何学的に美しく見せることにある。ニューヨークの街の構造や風景に潜む構図の美しさを反映させたような写真やカットが印象的だ。それに対しメカスの映像や美意識は洗練される方向性ではなく、常に先端的な表現の模索を重ねた。

デンビーやブルクハルトと縁戚関係にあるのが日本出身の国際的ダンサー・振付家の中馬芳子だ。中馬は一九八〇年に活動を開始し、Yoshiko Chuma & The School of Hard Knocksというグループで日本、および海外で公演を行う。飯村隆彦は中馬と交流があり彼女を論じている。中馬はデンビーやブルクハルトと親しくメカスを含め彼らとの日々を語る。彼女は興味深いことに「ニューヨークで舞踏が紹介された時に、デンビーもブルクハルトも大野一雄には興味を示さなかったかもしれない」と語る。彼らは井上八千代（四代目）に新しい時代や空気を感じ取り関心を示した。対照的にメカスは舞踏に興味を持っていた。中馬がメカスと知り合ったのは一九八五年だ。以後、毎年のようにセント・マークス教会で行われているポエトリー・プロジェクトで交流があった。

メカスの映像は、徐々に被写体の歴史的背景や記憶の深層に踏み込んでいくところがある。彼の日々の記録や日常の断片から、観客が新たな意味を見いだせるような、そんな仕組みになっている。

メカスは詩を母国語のリトアニア語でないと書けないという。しかしいくらリトアニア語で書いてもなかなか通じない。戦争中に自分や周囲に起きたことを、通じさせる事は言語でなく映像なら可能だ。そこで彼は自分の中に蓄積されていたものを映像を通じていっきに解放するようなところがある。

詩人が言葉の通じにくい環境での活動を経てパフォーマンスや映像へと連なっていった例に、メカスと交流が深い吉増剛造を挙げることができる。吉増もまたメカスの日記映像に刺激を受け、独創的な映像作品gozoCiné の発表を重ねている。映像・評論・詩と多面的な才能のメカスだが、その存在は移民という背景もなければ語れないし、同時に日記映像や日記、評論が様々なジャンルの人間を取り上げ、多分野へとリンクしていくからこそ、今日でも語られることもあるのではないか。

飯村隆彦とメカス、そしてシネ・ダンス

メカスと関係が深く、舞踏を撮影しまたニューヨークとも関係が深かったアーティストに飯村隆彦がいる。彼は身体表現と映像の接点でも様々な試みを行った。飯村は戦後アメリカ芸術の中でも「詩人」とメカスを位置づける。そしてメカスとの交流を記録した。飯村は『くず』(一九六二)や『Ai (Love)』(一九六二)など初期の作品を発表しながらネオダダなどのアーティスト仲間の作品も発表してきている。飯村はメカスが彼の作品を批評で取り上げたことを回想する。

飯村は初期からダンスやパフォーマンスと映像のリンクを心がけてきた。原体験にダンス・パフォーマンスに近い作品を幼少時に作っていたことがある。[9] 土方巽や大野一雄と舞踏に参加し、自身一人のパフォーマーとして作品を撮影するシネ・ダンスの『あんま』(一九六三)や『バラ色ダンス』(一九六五)は良く知られている。この二作には大野や土方も登場する。

メカスが活動したニューヨークと同時代の東京でも映像と身体を探求する実験的な発表がされていた。飯村はパフォーマー・美術家の風倉匠も出演した『リリパッド王国舞踏会』(一九六四/一九六六)をはじめ、ギャラリーやイベントで映像パフォーマンスを行うなどの様々な試みを行ってきた。[10] しばしば映像や現代美術の

文脈では情念的に見える舞踏とコンセプチャル・アートはつながりにくいといわれるものの、飯村はつながると述べる。彼は極めて初期の日本で行われたミクスト・メディアのパフォーマンスの会『Sweet16』(草月ホール、一九六三)で作品『スクリーン・プレイ』(一九六三)を発表した。この時は土方巽や邦千谷、グループ音楽の刀根康尚や小杉武久、二〇世紀舞踊の会の池宮信夫、浦和真、市川雅ら様々なジャンルの才能が参加した。『いろ』(一九六二)という作品では、座っている男——ネオダダの高松次郎の背中へ向け映像が投射される。その内容は油の中に絵具を垂らすというものだ。飯村は映像と同じ時間をかけ、鋏でゆっくりと高松の着ているジャケットを、映写されているフィルムのフレームにそって切り取っていく。

飯村の意識は同時代の才能の中ではジャック・スミスやトニー・コンラッドとつながっている。彼はメカスの日記映像には必ずしも共感できないところはあると述べつつも、メカスのオルガナイザーや批評家としての才能には高い評価を与えている。

根底に流れるリトアニア文化や歌う革命

リトアニアは自然が豊かな国で、日本では琥珀や楽器のピアノでも知られている。リトアニアのパフォーミングアーツは日本へ紹介されている。オーケストラも知られており、リトアニア国立オペラ・バレエ劇場のプリンシパルとして活躍したバレエの浜中未紀も記憶に新しい。

フルクサスのジョージ・マチューナスはメカスと同じリトアニア人だ。フルクサスへつながる最初の会合は「リトアニア文化クラブ」の設立をテーマとした討論でマチューナスも参加していた。やがて場は思いがけない方向へ展開していった。[11] 彼らにとってかかせなかったのは祖国リトアニアだが、二〇世紀のリトアニアを語る上で大切なのが歌う革命である。メカスの『どこにもないところからの手紙』には底流にリトアニア人の美意識があり、農民の出のメカスのリトアニア文化への発言がある。メカスは幻想的な絵画や音楽を残したミカユロス・チュルリョーニスにも言及をしている。リトアニアの精神や自然が彼らの意識の深層にある。

マーシャンは他界したメカスのことを「光からきて、光へ還っていった」と述べる。それは大野一雄に感じたことにも通じるという。天使や光の背景にはヨーロッパの精神史も見いだせるだろうが、詩人が世界と向かい合いそれを言語化しようとしていく、表現としての始原があるのではないか。チュルリョーニスの絵画や音楽にも通じるような幻想的な風景だ。メカスが描いた大野一雄の魅力とは、生きること、その光の根源を探求するような世界、アルトーにも通じるような映像を撮影する視点と映像が構成する身体像、そしてそれらが混ざり合った結合的なものということができる。

それは二〇世紀を生きた大野一雄やメカスによって育まれたものだが、マーシャンという若き表現者が未来へと継承していく種子でもある。マルチメディア時代、電子ネットワーク時代の二〇二〇年代だが、言語の始原や光、天使の息吹きに対し、デジタル・テクノロジーの観点から歩み寄ることも重要であると言えないだろうか。

ジョナス・メカスとのコラボレーションに関するヴィルジニー・マーシャンのインタビュー

大野一雄の映像プロジェクトについて（吉田悠樹彦 訳）

ニューヨーク州ブルックリンのジョナス・メカスと、二〇〇四年から二〇〇八年まで一緒に仕事をしたことは、並外れた経験でした。私たちは大野一雄に関するプロジェクトを行い、全ての私の時間はインスピレーションと詩で充実したものでした。アバンギャルドの父として、ジョナスは私の詩的な映画を愛し、数回上映しました。そして先駆者として舞踏の大野一雄を撮影した洞察に富んだ存在として、大野より若いジョナスは私のダンスを即座に理解し、私が大野一雄よりいくらかのジェスチャーがあるといってくれました。私はジョナスの内面の美しさ、詩、彼の笑い、彼の深み、彼の鋭い心、人生への熱意に出会えたこと、そして彼と一緒にいくつかの映画（『大野一雄　三景』と『光への四つの道　大野一雄トリロジー』）でコラボレーションできたことを嬉しく思います。私は彼のような個性の持ち主に出会ったことはありません。

ジョナスと私は仕事上のパートナーでした。高齢でもジョナスは若者のようにとてもフレッシュで早いスピードで考え生活していました。私は彼の家でも、旅行中にも、お互いにミューズのようにインスピレーションを受けたので、退屈することは全くといってありませんでした。

子どもの頃、日本からフランスへ住む場所が変わったときに、私が他の子供たちに合うように、日本語を話すのをやめたときにダンスが思いつくようになりました。この幼い頃に、私は発声による言葉を舞踏の仕草へと置き換えました。ジョナスに出会う二年前の二〇〇二年に、パリであるカメラマンに私のダンスは「舞踏」と言われました。ビデオ編集の休憩中にジョナスが私を踊るのを見て、彼はそれを撮影しました。彼はいつも彼が興味深く面白いと考えているものを撮影しました。私は彼の家で暮らして働いていたので、それは自然なことで彼がダンスを撮るのを気にしませんでした。私は自分のダンスが人を動かすことができることを理解し、この瞬間に彼と一緒に何かをすることを受け入れました。

ジョナスは我々が知り合った二〇〇四年に「大野一雄に会うべきだ」と語りました。私は女装をしているか否かに関わらず、大野一雄の優美さに驚かされ、その動きと美しさから自分とのつながりを直接感じました。ジョナスは、映画プロジェクトのために大野一雄と一緒に踊ることができるかどうか、大野慶人に電話をかけ、そして慶人は大野一雄の誕生日に私たちを招待しとても親切に受け入れてくれました。大野一雄に会う準備をするために、ジョナスと私はダンスをどう効果的に撮影するか、毎日四～六時間にわたって試行錯誤を続けました。ジョナスは私を撮影してから映像を見せてくれました。私は自分のダンスが手や体の他の部分でどのように起こっているのかについてジョナスに説明していました。そのため、彼は次のダンスのためのカメラの動きを予測することができました。このようにして、踊りとカメラがお互いに呼応するような関係となり、より結合的な映像が生まれました。ジョナスは、私の体内で動くエネルギーを撮影するように、私のダンスを撮影することができました。これが、大野一雄との映像がとても特別で美しいものになった理由です。一連のダンスプロジェクトにも参加していたもう一人のカメラマン、ゾルタン・オーヴィユは非常に才能があり、繊細であるため、その両方が完璧に調和していました。我々は一緒に二〇〇五年から二〇〇七年まで三年間続けて大野一雄を訪問し、毎回数回ダンスを行い、大野一雄を記念して撮影された舞踏ショーをいくつか行いました。私のダンスとビデオ・インスタレーションによる公演でした。

最初のイベントはブエノスアイレスでの三晩、二回目は東京での一晩、三回目はニューヨークでの二晩でした。これは数年前のことでしたが、決して古くならないのは美しいことです。実際、音楽やダンスのコラボレーション、映画の上映のためにこれらの映像を求める人が増えているのです。それは本当に先見の明のあるプロジェクトでした。

大野一雄とのダンスは予想以上に強烈でした。彼の全人生を通じた経験から生まれてきたダンスは完全に彼そのものでした。彼は多くの動きをする必要がなく、その動きは無駄のない力強いものでした。例えば映像撮影の為に一緒に踊っていても、私が集中していなかったとき、彼は私が再び集中するまでその踊りを止めていました。私たちは三時間にわたって踊りましたが、それをわずか五分であるように感じました。私が幸せを叫んだダンスの間、私は彼からたくさんの光を受けたことを感じました。最初のダンスの後、大野一雄はそれが美しいエネルギーだと述べました。

このような美しく興味深いプロジェクトで、映画とダンスという二つのジャンルの伝説的な存在である、ジョナス・メカスと大野一雄とコラボレートしたことをありがたく思っています。ジョナスは、私たちは天使たちを信頼しなければならないと語りました。故に、私は彼らを信頼します。

1　関連アドレス　作家のアドレスは次の通りである。
ギャラリーによる紹介ページ、（二〇二〇年六月一八日）、https://wopgallery.wixsite.com/wopgallery/artistpage
作家公式Instagram、（二〇二〇年六月一八日）、https://www.instagram.com/virgin_ma/
作家公式Youtubeチャンネル、（二〇二〇年六月一八日）、https://www.youtube.com/user/virginieaime

2　Jonas Mekas, "A Dance with Fred Astaire", Anthology Editions; First edition, 2017,p.3

3　大津幸四郎、『撮影術　映画キャメラマン大津幸四郎の全仕事』、以文社、二〇一三、二二四頁–二三一頁

4　ニューヨークで活動した日本の舞台関係者は数多く、その歴史は近代へ遡ることができる。日本人ダンサーでは古くはモダンダンスの伊藤道郎や山田五郎の活躍が良く知られており、伊藤は米国の映画にも出演している。モダンダンスの石井漠・石井小浪とシェイクスピア研究の草分けの一人である高原延雄はこの地で出会い共に帰国し、後年に小浪と高原が結婚した。日本最初の洋舞の舞踊批評家の永田龍雄や戦後を代表する舞踊批評家の池宮信夫や長谷川六、市川雅も滞在している。なお本文中に登場するエドウィン・デンビーをニューヨークで市川に紹介したのは中馬芳子だ。

5　ジョナス・メカス、飯村昭子訳、『メカスの難民日記』、みすず書房、二〇一一、二四五頁

6　ジョナス・メカス、飯村昭子訳、『メカスの映画日記』、フィルムアート社、一九七四、一五〇頁、一九四頁

7　Yoshida, Yukihiko, "Jane Barlow and Witaly Osins, ballet teachers who worked in postwar Japan, and their students", Pan-Asian Journal of Sports & Physical Education, Vol.3(Sep), 2012,pp.11-16

8　Rudy Burckhardt , 'How I Think I Made of Some of My Film's, David E. James eds. "To Free the Cinema Jonas

Mekas & The New York Underground", Princeton University Press, 1992,pp.97-99

9　様々なジャンルを横断するように活動する飯村には、多くの同時代の仲間が存在した。同じ学校に学んだ学生たちをみてみよう。地理学者・経済学者と高橋潤二郎と舞踊批評家のうらわまこと（浦和真＝経営学者・市川彰）は同期で学生時代から友人だ。うらわは慶應義塾大学バレエ研究会のメンバーとして実験工房による松尾明美のバレエ実験劇場『未来のイヴ』に出演している。彼は舞踊批評家の山野博大らとダンスに関するリトルマガジンの『イルミナチ』や『二〇世紀舞踊』で活動した。石井漠は教授の岩田豊雄（筆名・獅子文六）や日本のウェイトリフティングのパイオニアで普通部の教員だった井口幸男と交流があるなど慶應義塾大学と縁が深かった。石井の次男でプロデューサーになる石井鷹士も在学した。現代詩では『ドラムカン』『三田詩人』の岡田隆彦・吉増剛造・井上輝夫が活躍を始める。岡田は学生時代に詩集を刊行し、美術批評家への道を歩み、写真誌『provoke』の創刊にもたずさわった。パフォーマンスや編集者としての活動、そして美学校で知られる川仁宏もリトルマガジンに執筆していた。彼らはある意味では土方や風倉の野性的な性格と異なる。しかし慶應義塾大学に学べる経済的な背景があった飯村たちの豊かな感覚がとらえた世界はそれぞれのジャンルで芽吹き、戦後日本の文化に足跡を残した。

10　飯村隆彦、『映像アートの原点　一九六〇年代』、水声社、二〇一六、三七頁-九二頁

11　ジョナス・メカス編、木下哲夫訳、『メカスの友人日記―レノン／ヨーコ／マチューナス』、晶文社、一九八九、二一二頁-二一三頁

ジョナス・メカスとグレゴリー・マルコプロス
楽園、あるいは永遠

齊藤路蘭

ジョナス・メカスの『ウォールデン』(Walden、一九六九) リール1が終わりを迎えようとする頃、その男は登場する。シャツにネクタイ姿という簡素な出で立ちの男は、自身の新作映画の撮影のためにメカスの仕事場を訪れている。メカスが手持ちのボレックス・キャメラで男を撮影する間、男は三脚の上に据えたボレックス・キャメラで、今まさにメカスの撮影を開始したところだ。このとき、一つの部屋のなかで相対し、同時に撮影者となり被写体となった二人の男こそ、ジョナス・メカスとグレゴリー・マルコプロスである。

グレゴリー・マルコプロス (Gregory J. Markopoulos) は、一九四〇年代からアメリカで隆盛し始めたアヴァンギャルド映画シーンにおいて、数々の重要作を生み出した人物である。そのキャリアの絶頂期をシーンの運動が最も盛り上がりを見せた六〇年代に迎えており、この時期にマルコプロスはシーンを代表する映画作家の一人として評価を確立させた。当時は映画作家としてだけでなく、シーンの他の映画作家のサポート役としても、メカスと同程度の影響力を誇っていたとされている。『フィルム・カルチャー』誌 (Film Culture)[1] にはその名前が最初に登場する六〇年の第二一号を皮切りに、以降、独自の映画言語について言及した文章やインタビューなどが数多く掲載。各地の映画祭にも積極的に参加し、自作はもちろんのこと、シーンの優れた映画の価値が審査員たちから一方的に貶められた際には声を大にして作品を擁護することを厭わなかった。

ところが、かたやシーンの立役者であり、「アメリカ実験映画のゴットファーザー」として今なお世界中で語り継がれるメカスに比べると、グレゴリー・マルコプロスというその名は次第にシーン、さらには映画史の中からも消滅していった。同じ時代に活躍したケネス・アンガーやアンディ・ウォーホルらに比べてもその知名度は低く、本国アメリカにおいてすら、現在に至るまでまとまった形で先行研究がなされていないのである。ここ日本において状況はより深刻であり、その名を耳にすることすら難しいだろう。このような状況をもたらした背景を考えてみると、そこには一つの決定的な要因があるように思われる。マルコプロスは、六〇年代末に突如としてシーンからの離脱を決意したのだ。

長年の無理解に苦しんできた末、急速に商業映画と接近したシーンの状況が決定打となり、マルコプロスは一路ヨーロッパへと活動の拠点を移す。そして、彼はすべての自作映画の上映を禁ずると、映画作家としての痕跡を自らの手で消滅させてしまった。以後、彼がアメリカの地を踏むことは二度となかったのである。この一つの事実こそが、映画作家マルコプロスのキャリアを大きく分け隔てることとなり、その結果、受容や評価の面でも六〇年代当時のアメリカの状況と乖離を生じさせていると考える。元々、一般的な劇映画に比べて注目が集まることの少ない個人映画というジャンルにありながら、さらにマルコプロスの映画は観ることができない「空白の期間」が長年続いていたということになる。[2]

改めてマルコプロスの作品に光が当てられるのは九二年、彼の死の年のことであったが、そのことは「私はいくらか昔、すでにマルコプロスを追悼していた」[3]というように、突然の訃報への驚きと困惑をもたらしたに過ぎなかった。レトロスペクティヴや著作集の出版など[4]により二十数年かけてようやくその全貌が明るみに出されようとするなか、依然としてそこには大きな謎が横たわっているように思われる。それはグレゴリー・マルコプロスという映画作家自身や、分断された彼のキャリアにまつわる謎である。他方で、それはギリシア移民の子として生まれた彼が、父の故郷アルカディアの地に遺した現在進行形の巨大な映画プロジェクトにまつわる謎である。[5]これらの謎こそは、即ちマルコプロスという映画作家を「再発見」すること。そして彼の映画観の根底を支える「映画としての映画（Film as Film）」という信念が究極的に目指した先を、その道半ばで映画作家本人を失った今こそ、誰かが改めて考えることに他ならない。

六〇年代というこの激動の時代に、シーンの作家たちの動向は幸か不幸かシーンの外側からも大きな注目を集めていた。とりわけジャック・スミスの『燃え上がる生物』（Flaming Creatures、一九六三）の上映にまつわる一連のスキャンダルは、シーンの内と外という両者の対立を決定づけたが、同時にその破壊的な力が一つの「アンダーグラウンド映画」神話を知らしめることにも貢献する。それが当時の政治・社会状況と呼応した形での注目だったことにより、作品の持ちうる真の革新性は大衆に誤認され、最終的に商業映画界隈からの半ば強引かつ一方的な搾取までをも引き寄せる結果となった。こうした状況も当然、メカスやマルコプロスに直接的な影響を及ぼしたわけであるが、今回はより作家同士の内なる繋がりへと焦点を絞りたい。本論の目的は、奇しくも対照的な状況下に置かれることとなった二人の共通性を、改めて彼らの映画作りに対する姿勢の面で認め、それを具体的な手法の分析や比較を通して検証することにある。彼らがシーンに与えた絶大な影響力も、彼らの作品への同時代的な評価なくしては考えることができない。

先に述べてしまえば、その共通性とは、彼らの映画作家としての根本的な立ち位置がそれぞれの作品に付与した「両義である」という性質に起因するものである。ここで言う両義性とは端的に、ときに自らその曖昧さというものを緻密に構築し、それと積極的に戯れることを意味する。第二次大戦期に祖国リトアニアの地を追われ、難民として、ある秋も深まった肌寒い早朝のニューヨーク港に流れ着いたメカス。それは生まれ故郷という空間を、その地で積み重ねてきた二十数年間という時間を一度に奪われ、時空間の概念を喪失したところから最初の歩みをはじめた一人の人間の姿だった。キャリアの転換点の重要な時期に、度々ギリシアという土地へ引き戻されたマルコプロス。彼は自らのルーツを探る巡礼旅において、キリスト教徒でありながら同性愛者であるという自身のアイデンティティの揺らぎに直面した。あらかじめ両義であることの素質を持った二人が、あるときボレックス・キャメラを手にし、「今・ここ」という一点に立つ。そのとき、過去であると同時に未来であり、あちらであると同時にそちらであるような、時空を自在に横断する両義の試みの可能性を彼らは見出した。すでにマルコプロスがアメリカの地を後にしていた六〇年代末、『ウォールデン』に始まるメカスの一連の「日記映画」が花開く。それから遡ること数年前、マルコプロスは「トゥワイス・ア・マン」(Twice a Man、一九六三)において、両義の試みの先陣を切っている。足下に口を開いたこの裂け目こそが、果てはメカスにとって「楽園」(Paradise)＝どこでもない場所へ、マルコプロスにとって「永遠」(Eternity)＝いつでもない時間へと通じていたのである。

「トゥワイス・ア・マン」は悲劇詩人エウリピデスのヒッポリュトス神話を下敷きにした作品であり、主人公ポール(ヒッポリュトス)と義理の母(パイドラー)との間の近親相姦的な愛の関係や、彼の死とその後の復活を描く。とは言え「(この映画を)説明することはできません。ただ経験できるだけです[6]」というマルコプロス自身の言葉に照らすのであれば、ここで具に筋を確認していくことの意義も推し測れよう[7]。本作で鍵を握るのが、第三の男として登場する「芸術家－医者(the artist-physician)」という人物である。マルコプロスは六七年に発表した文章において、その概念を明確にしている[8]。曰く「芸術家－医者」とは旧世界(西洋)の支配的で二元的な価値観に対抗し、古代ギリシアに存在した言語以前の神秘を潜在的に計り取る事のできるような能力を持つ者を指す。本作において、「芸術家－医者」はポールとの間にホモセクシュアルな関係を結ぶ「芸術家」であると同時に、ポールを死から蘇らせる「救済者(医学の神アスクレーピオス)」の側面も併せ持つ存在として理想化されている。マルコプロスはポールと母、そして「芸術家－医者」との三者間の関係に、同性愛の告白や母親からの庇護(支配)というマルコプロスの映画に一貫するパーソナルなテーマを持ち込む。その上で、本作ではとりわけ登場人物の内なる感情――その感情同士が互いに交わり、揺れ動く様が、時空を司る「芸術家-医者」マルコプロスの両義的な手法により醸成されるのである。

そうしたマルコプロスの両義的な意識（それはときに「同時性（simultaneity）」という言葉で代えられることもある）[9]は本作の描写においてまず明らかであり、作品の主題として重層化されている。この点はすでにケン・ケルマン[10]やロバート・ブラウン[11]など、シーンに近しい同時代の批評家たちからもすでに一部指摘されているところである。本作では生と死、光と闇（昼と夜）、（性別としての）男と女、同性愛と近親相姦、若き母と老いた母（欲望と諦観）などといった幾多の、本来相容れないもの同士が同時に、一つの場所に共存している。例を挙げれば、誰にも救うことのできないポールは劇中で死に、再び生まれ、そして再び死ぬ。本作では生死の境目が軽々と乗り越えられている。それどころか「生きながら死んでいる」状態すら持続しており、ポールの存命中に、すでに喪服に身を包んでポールの死を哀悼する名もなき男女たちが登場するだろう。

では実際に、本作で用いられている技法を具体的に分析することで、このような両義性を実現させている形式について明らかにしていきたい。本作では映像もさることながら、音声に関しても同様の関心で共通の処理が施されている。映像と音、言葉を一本の映画の中でいかにして等しく共存させるのかという点を考えていたマルコプロスにとって、それらの連関は重要であるが、今回は特に作品の編集段階における映像の処理について言及する。本作で最も特徴的な手法が、フラッシュカッティングである。基本的に固定撮影されたあるイメージを最小の単位（フレーム）とし、その後の編集時において、イメージ同士がシングルフレームで細かく綿密に繋がれていく。マルコプロスが六三年に発表した文章で宣言したのは、小手先の技術や外観に頼ることなく[12]、古典的なモンタージュ技法をより抽象的なシステムへと統合した独自の「新たなナラティブの形式（new narrative form）」に基づいて映像を組み立てていくことであった。[13]これは所謂エイゼンシュテインに代表されるようなショットに関するメソッドを、単一フレームの編集にまで深化させたもので、[14]絶えずフレーム同士に衝突や融解をもたらして連関性を生み出し、その先に「別のなにか」を喚起させていく。ある種の自由連想（free association）とも結びつくフレームの並置である。[15] これらのイメージは、直前のフレームが余韻を残す形で次のフレームに短く挿入されるなど、後々繰り返される（そのまた逆も然り）ことで、全体として「記憶（過去）」や「予言（未来）」などと結びつきながら軽々と時空間も横断。既視感や未視感の効果をもたらす。夢ともまた異なる凝縮の方法を通じて独自のクロノロジーをそこに見出した結果、果てはある種の永遠性へと「見る者の意識を拡大する」[16] ことになるだろう。本作の描写には「すでに起こった出来事への期待」[17] があるというような指摘がなされるのもこのためである。

その一連のフレームからなるショットを、マルコプロスは「思考のイメージ（thought images）」と呼んだ。前記の特徴が本質的に、登場人物の思考や感情と密接に結びついた形で発揮されるからである。本作が「物語を語るというよりは一つの感情を表現している」と指摘するのはシェルドン・レナンである。[18] 実際、本作では三者の意識がそれぞれのフレームを通して各ショットに託されることで三様に醸成され、それがキャラクター造形の基盤ともなる。そして各ショットの主体は映画が進むにつれ、おおよそ「芸術家－医者」からポール、母親へと移行していくようでありながら、繊細に絡まり合った三つの意識は終始揺れ動き、変容していく。すべては断片化され、渾然一体と化した三者の視点（主観／客観）へ離散しながら、複雑さの網の目のなかへ消失しようとする。

それを検証するため、実際に本編中での「思考のイメージ」の使用例を確認してみたい。まず、ポールと「芸術家－医者」が初めて出会う、ニューヨークにあるアパートの屋上でのシーン。ここでの「思考のイメージ」は、一人屋上から飛び降りるかどうか逡巡するような仕草を見せているポールを、「芸術家－医者」が止めようとする際にもたらされる。彼がその手でポールの肩に触れようとしたまさにそのとき、フラッシュカッティングによってイメージが炸裂。濃い青色をした夜のイメージと、赤色の唇のイメージが、一瞬のうちに連続して素早く切り替わる。それはあたかも、この二人の男の間に一筋の閃光が走ったようであり、単に自殺を止められた者／止めた者以上の関係が新しく始まることを予感させているようだ。この「思考のイメージ」の後のクロースアップでは、ポールの肩に「芸術家‐医者」の手がしっかりと置かれている。そこには直前の二つのフレーム（二人が目を合わせている状態を捉えた背後からのイメージと赤色の唇のイメージ）が再度フラッシュカッティングで残響のように繋がれるだろう。また、ポールと母との間で取り交わされる「思考のイメージ」の場合、あるとき恍惚の表情を浮かべる母のクロースアップに、紅葉した木々のイメージや一定の前後運動を繰り返すポールの横顔のクロースアップ、木の樹皮を下から上へと撫でるポールの手先のクロースアップなどが執拗に重ねられる。ここでは「思考のイメージ」が、二人の距離の縮まりを段階的に示すように用いられているだけでなく、このフラッシュカッティングはより直接的に二人の間の姦通までをも想像させる。ここでさらに、ポールと母との間の「思考のイメージ」に、一つ目の例に登場した唇のイメージが再度登場するとき、それはイメージの回帰を意味し、ポールと「芸術家‐医者」との関係を瞬時に想起させせる効果を担うこともできるのである。

いずれにせよ、ここで挙げた二つの例においては登場人物同士の接触、とりわけ一方が他方に触れることが「思考のイメージ」の一つの引き金となる。彼らはそのことにより、時空を超えた先で互いのフレームを介して「知覚」[19]し、愛を喚起したうえ、フィルムの上で一つに溶けあおうと試みるのである。この点で「思考のイメージ」は、特定の登場人物だけに備わったものであることを超えようとする。それは映画の終盤において、「トゥワイス・ア・マン」という作品自体が獲得した両義性の、ある突発的発作のようにしてその頂点を迎える。そのとき、あたかも映画全体を要約するかのように、これまでに登場したイメージの数々がフラッシュカッティングで矢継ぎ早に炸裂することになるだろう。それこそは、マルコプロスが目指した「永遠」の断片を垣間見るかのようなのである。両義性の達成とともに語り直されたヒッポリュトス神話は、いつしか彼自身の物語としての「神話」[20]へと大きく飛躍し、ここに再び誕生した。

「撮ること」がそのまま「生きること」に重なりをみせるメカスにとって、「今・ここ」に留まることへの意識はマルコプロスよりも切実である。「メカスが今、ここに立ち、それを見た」というその観点が強調されればされるほど、彼が両義の試みを発揮する際の意味合いも、またマルコプロスとは異なってくるのだ。メカスが「わたしはいつだってここにはいない」[21]と言うとき、彼はすでに実体験として、「今・ここ」という地点では決して十分ではないこと、それが容易く失われてしまうものであることを知っていた。そして、この映画でさえ過去になるということも。もう失わないために。すべてがこれ以上冷たい壁になることなく、自らとともにあり続けるために。メカスは現在が同時に過去であり未来でもあるような両義性に身を委ね、その狭間を漂流することで、新たに増強された「今・ここ」を獲得する必要に迫られたのである。そんなメカスの日記映画を特徴づける手法の一つに、キャメラ内編集がある。これは同時期にマルコプロスも「ギャラクシー」(Galaxie、一九六六)などで試みていた手法であるが、「トゥワイス・ア・マン」の、とりわけ編集段階で緻密に行われる両義性の形成と比べた場合、より「今・ここ」の地点での即興性に立脚したシングルフレーム撮影の試みだ。つまり、撮影段階ですでに編集まで完了させるというこのキャメラ内編集において、両義性は撮影と同時に発揮されようとするのであり、その点でさらに高度な試みであると言えるだろう。

このような意識の下で、メカスが両義性を達成する一つの場としての「楽園」という理想郷を目指したとき、その断片が「どこにもないが至るところにある」ような形で見出された。ときにそれは道端に咲く一輪の花であり、花はどこでもない場所で、いつでもない時間にその蕾を開いていた。家族や友人たちと過ごす何気ない日々の平凡さが、いまや純粋なイメージとして宙吊りになり、ある奇跡の様相を帯びてメカスの傍らに溢れていた。ここでまず確認したいのは、そのような「楽園」の断片が、実際にどのような形でメカスを訪れるのかという点である。

それは、メカスを突発的に襲うなにかであり続ける。二〇〇〇年に発表された『歩みつつ垣間見た美しい時の数々』(As I Was Moving Ahead Occasionally I Saw Brief Glimpses of Beauty)は、メカスの日記映画の集大成とも言える作品である。撮影素材がアトランダムな順序で繋がれるという「時系列の放棄」[22]によってメカスの楽園性はより際立っており、本作でメカスは「楽園」の断片との邂逅の瞬間を幾度も描写している。そのうちの一箇所は、第八章でメカスの声により語られる「それでもわたしは歩み続ける。思いがけないときに[23]」という前に進んでゆく、すると思いがけないときに、幸せと美を垣間見ることがある。ゆっくりと、前に進んでゆく、すると思いがけないときに、幸せと美を垣間見ることがある。思いがけないときに」というナレーションであるが、残りの四箇所は「そのときすべてが断片となって蘇った」という中間字幕に続く一連のイメージの集積である。この四箇所の邂逅は、偶然にも映画の終焉部である第一一〜一二章に繰り返し集中している点で、先に指摘した「トゥワイス・ア・マン」の発作的イメージとの共通性をも感じさせるものだ。男に抱えられる羊、友人と遊ぶ息子セバスチャン、夕暮れの太陽を覆い隠す木々、黄色の野花、柵に座るセバスチャンとそこに加わる娘のウーナ、遠くのベンチで本を読む老人……。これといった前触れもなく、無秩序に投げ出されているかに見えるこれらの断片的な被写体との接触が、そのときメカスに「楽園」を垣間見させていた。

判然としない「そのとき」を前に、おそらくメカスは半ば脊髄反射的にキャメラを回し始めていただろう。瞬時の閃きを捉えるための最適な手法として、彼はシングルフレームによる撮影法を見出す。それはまさにマルコプロスが「トゥワイス・ア・マン」で先に実践していたような、イメージの最小単位を用いることによる現実の分解/再構築のプロセスと性質を同じくしていた。何が見えていて、何が見えていないのか。見ることの基本単位を据えたメカスは、まるでスナップ写真を撮るようにして、ここでは何コマ、ここでは何コマという風に瞬間を積み重ねていく。そのフレーム同士を接続する際には、リズムやテンポが重要視された。例えば『歩みつつ垣間見た美しい時の数々』の第六章「幸福は美なり」では、日没の景色や自宅の室内などを捉えた静的なショットが続いた後、壁に映ったメカスの影（キャメラを手にしている）がシングルフレーム撮影で繋がれ、コマ送りのようにそのまま壁を移動していくシークェンスがある。この例が顕著に示すように、一連のリズムやテンポは、撮影時のメカスの息づかいや心臓の鼓動というものを直接的に伝えるものであり、そのために瞬時に決定されたものだ。彼は訪れた幾多の偶然を、たった一つの必然的な方法で記録することに成功していたと言える。このように、目の前の現実を新たに自分の方法で凝縮し直すことで、次第にメカスにとってのありのままの現実――「楽園」の姿が立ち現れた。「楽園」の断片はたちまちメカスの下を離れようとしたが、メカスは今一度歩調を整え、歩みだし、同じ速度で追いかけたのだ。それは彼だけの速度に他ならなかった。

彼らは楽園を、そして永遠を見つけたのだろうか？両義性とはそのとき、彼らにとって何を意味していたのだろう。「トゥワイス・ア・マン」でポールが、「芸術家－医者」と母親との間に横たわるニューヨークの街中を絶え間なく移動し続けたとき、両義であることの真価はその葛藤や揺れ動きのただ中に秘められていた。男が用意した、両義の狭間における不断の未決定状態によってこそ、絶えず分裂と結合を発生せしめるような磁場＝「トゥワイス・ア・マン」という時空間は持続し得たのであった。「わたしはなぜこれを撮影しているのか」――その問いの答えを、メカスは無限に先延ばしにする。そして、ときに両義の先で再び見出す「今・ここ」という地点に立ち、見続ける。どんな悲劇に見舞われようと、ただひたすらに。たとえそれが、生きることのできなかったもう一つの人生への憧憬にしかなり得ないとしても。[24] そのキャメラの震えや定まりのなさが、メカスの終わりなき漂いを肯定するだろう。男は、母が眠る故郷セメニシュケイの土に還った。しかし、そこに男はいない。楽園はいまだ失われず、男はすでに「ここではない場所」へと向かっている。

彼らは楽園を、そして永遠を見つけた。しかし彼らの楽園は、永遠は、そこを目指すかぎりにおいて存在し続ける一つの到達点の名称に過ぎなかった。肝心なのは道それ自体であり、続いていくことの強度であり、それぞれの方法の先で、彼らの揺蕩いの記録はそのたびごとにただ一つの形をとっていたのだ。二人の男は別々の道のりを進んだが、あるとき、道はたしかに交わっていた。あの日、互いのキャメラの先にもう一つのキャメラを見たあの瞬間が、まさに何事かを象徴していたように。すべては一本の映画となった。

「トゥワイス・ア・マン」はマルコプロスのキャリアにおける到達点となると同時に、その後の彼の新たなる興味の芽生えを予告する作品でもあった。何よりもまずは己自身のためだけに映画を作っていた彼が、次第にその探求に他者を巻き込んでいくようになるのである。同じようにまたメカスも、自身の探求が、根本的に秘めていた匿名性の下で常に他者へと共有されることを考えていた。それは彼らから、家族や友人たち、愛する者、そしていつか来るべき「あなた」へと向けられた呼びかけであった。いまや彼らは旅立ち、映画だけが残された。その映画も、数時間後に再び明かりが灯ったときには、跡形もなく目の前から消え去ってしまうだろう。それでも、こうして閃きの証人となった私たちは、その先で待つものの正体を、新たに探し始めなくてはならない。そして探求をひとつの形とし、目指し続けなければならない。かつて楽園と呼ばれ、永遠と呼ばれたこの名づけ得ぬものに、私たちだけの名前を与えながら。

1　メカスと弟のアドルファスによって五五年に創刊された、アメリカ・アヴァンギャルド映画シーンの潮流を代表する映画雑誌。シーンの作家や周辺の批評家たちが積極的に文章を寄せ、さらには同時代のハリウッド映画やヨーロッパの芸術映画についても幅広く取り扱った。

2　このことが、端的に日本におけるマルコプロス受容の乏しさも裏付けている。確認する限り、これまで日本でマルコプロスの映画が完全な形で上映された記録はない。日本においても個人映画製作の機運が高まり、草月アートセンター主催でアメリカのアヴァンギャルド映画が初めて本国に紹介された六六年というその年、すでにマルコプロスの映画は消滅の只中にあったのである。日本は、いまだにマルコプロスという映画作家と遭遇する機会を得られていない。

3　David Ehrenstein, "The Markopoulos Affair," Film Comment, July (1993)：五九－六二.

4　レトロスペクティヴは九五年一一月にフランス・パリのアメリカンセンターで、九六年三月から四月にアメリカのホイットニー美術館で開催。また、二〇一四年には著作集 Film as Film: The Collected Writings of Gregory J. Markopoulos の出版に合わせてハーバード大学のフィルム・アーカイブでマルコプロスの映画が数多く上映された。この著作集にはマルコプロスの講演録や映画批評、独自の理論を展開した文章などが収録されている。

5　マルコプロスは七〇年以降、主に未編集のフッテージや新作映画を一挙に繋ぎ合わせる野心的な作品「エニエーオス」(Eniaios) の制作を続けていた。本作はそれぞれ二～五時間に分割した合計二二のサイクルから構成され、総時間八〇時間にも及ぶマルコプロスの未完の遺作となる。現在に至るまで、彼の生前のパートナーである映画作家ロバート・ビーヴァーズを中心に、残された作品の修復とプリントが続けられている。二〇〇四年以降、完成したサイクルは順次四年に一度のペースで、アルカディア県のリサレア村に設けられた野外上映スペースにて披露。近年はこのプロジェクトを一つのきっかけとして、マルコプロスを再評価する試みが見られる。ちょうど今年はその第五回目の上映会（サイクル一二～一四までを上映）が開催予定だったが、昨今の世界的なパンデミックの影響で来年への延期が決まった。

6　ジョナス・メカス『メカスの映画日記　ニュー・アメリカン・シネマの起源 1959-1971』飯村昭子訳、フィルムアート社、一九九三年、九九頁。

7　本作の筋を仔細に記述した文章の一つとして、以下が挙げられる。Kirk Winslow, 〝Intergalactic Trance-Migration: G. J. Markopoulos、Twice a Man（1963）Visited in a Projected Eniaios Cycle（1948 -(1976 -1990)- 200_),〟Millennium Film Journal, no. 32&33（1998）: 77- 96 .

8　Gregory Markopoulos, 〝The Filmmaker as Physician of the Future,〟Mark Webber ed, Film as Film: The Collected Writings of Gregory J. Markopoulos（London: The Visible Press, 2014）, 231 - 35 .

9　Mary Batten, 〝Sence for Simultaneity,〟Filmwise, no. 3&4（1963）: 21 - 23 .

10　Ken Kelman, 〝Twice a Man,〟Film Culture, no. 31（1963- 64）: 10 - 11 .

11　Robert Brown, 〝`Twice a Man、: Thrice Love, Twice Death,〟Film Culture, no. 32（1964）: 9 .

12　そもそも予算の都合上、特殊効果を生み出すために追加の機材を用意したり、豪華なコスチュームで役者を着飾らせたりすることは困難である。

13　Markopoulos, 〝Towards a New Narrative Film Form,〟207 - 8 .

14　マルコプロス本人は自身の編集技法がエイゼンシュテインのそれと同一視されることは「心外である」とする。〝Interview with Gregory Markopoulos on Radio Free Europe,〟John G. Hanhardt and Matthew Yakobosky ed, Gregory J. Markopoulos: Mythic Themes, Portraiture, and Films of Place（New York: Whitney Museum of American Art, 1996）, 89.

15　Batten, 〝Sence for Simultaneity,〟21 - 23 .

16　シェルドン・レナン『アンダーグラウンド映画』波多野哲朗訳、三一書房、一九六九年、二〇五頁。

17　Yann Beauvais, 〝The Song of the Poet,〟Gregory J. Markopoulos 1928-1992 Retrospective de 1940 a 1971（Paris: American Center, 1995）.

18　レナン『アンダーグラウンド映画』、二〇五頁。

19　Batten, "Sence for Simultaneity," 21 - 23.

20　映画史家のP・アダムス・シトニーは六〇年代当時、アヴァンギャルド映画シーンの中で同時代的に出現した一連の映画群を「神話詩映画（mythopoeic film）」の名で呼んだ。それは「トゥワイス・ア・マン」も含め、神話の再解釈、そこから新たなる神話の創造に携わるような映画を指していた。P. Adams Sitney, Visionary Film（New York: Oxford University Press, 2002）.

21　ジョナス・メカス『ジョナス・メカス――ノート、対話、映画』木下哲夫訳、せりか書房、二〇一二年、七五頁。

22　基本的には妻のホリスと結婚してから娘のウーナ、息子のセバスチャンをもうけ、彼らが成長していく一九七〇年から九九年までの日記映画ということになっている。挟み込まれる幾多の中間字幕によってそれぞれの断片には一応の性格付けがなされているが、その断片同士に一定の繋がりを見出すことは難しい。

23　メカス『ジョナス・メカス――ノート、対話、映画』、二八一 - 三二〇頁。以下、劇中のメカスの言葉は同様。

24　一九四八年七月二〇日、メカスからKに宛てた手紙より。「私たちは自分が生きなかった、生きることができなかったときに詩を書く」。ジョナス・メカス『メカスの難民日記』飯村昭子訳、みすず書房、二〇一一年、一三九頁。

ジョナス・メカスはどこにいたのか
マイケル・キャスパー『私はそこにいた』との応答をめぐって

井戸沼紀美
井上二郎

はじめに　最晩年のメカスを蝕んだ一つの論文との対峙

二〇一八年六月、アメリカの文芸誌『The New York Review of Books（以下ニューヨーク・レビュー・オブ・ブックス）』のウェブサイトで歴史家のマイケル・キャスパーが発表した一つの論文『I Was There（以下 私はそこにいた）』が波紋を呼んだ。その論文の示したもっともスキャンダラスな話題とは「ジョナス・メカスが戦時中、反ユダヤ主義的な活動に関わっていたのではないか」というものだった。

作家のギュンター・グラスや、哲学者のポール・ド・マンなど、知識人と反ユダヤ主義との関わりが衝撃とともに受け止められたケースは、これが初めてではない。しかし、これまでに誰がジョナス・メカスから「反ユダヤ主義」を連想したことがあっただろうか。メカスといえば、つねに大国の狭間で厳しい情勢にさらされた戦間期のリトアニアをなんとか生き延び、一度粉々になった心を再生するために「楽園のかけら」を拾い続けてきた人物ではないか。そんな彼と差別主義のイメージは、あまりにかけ離れていた。

当時九四歳のメカス本人も、この騒動に辟易していた。メカスの逝去を伝えた『THE NEW YORKER』の記事には[1]、彼の親しい友人が「メカスの体をキャスパーの記事が蝕んだ」と述べていたことが記されている。しかし、メカスはただ黙り込む訳ではなかった。メカスは『私はそこにいた』の発表から一ヶ月も経たぬうち、アメリカ合衆国ホロコースト記念博物館（United States Holocaust Memorial Museum、以下ホロコーストミュージアム）から、計六時間以上にわたる映像取材を受け、キャスパーの主張に応答したのだ。

キャスパーの論文は、メカスやその作品を愛する人たちにとって、受け入れ難い内容を含んでいるかもしれない。しかし、メカスがこの論文への応答に六時間以上の時間を費やした事実がある以上、この一連の騒動に向き合わずしてメカスの最晩年を語ることはかえって不誠実な態度になりかねないと考え、ここではキャスパーの論文、ならびにメカスの応答の翻訳と、その要約を決意した。戦争時に実際に起きた犯罪へのメカスの関与を実証することではなく、彼がその最晩年に語った言葉を紐解き、伝えることがこの記事の目的であることをご理解いただきたい。

オーラル・ヒストリーと「日記映画」

メカスの応答を記録した映像は、ホロコーストミュージアムが「オーラル・ヒストリー」として、そのウェブサイトに公開したものだ。私たちはまず、その映像の全訳を作成することにした。しかし作業の中で、六時間にわたるメカスの語りが、提示された問題への回答を、少なくとも単純なあり方では提示していないことに気がついた。

例えばメカスは、自身の家族について問われてふと、母親が見た幽霊の話を始める。当時の記憶と、いま現在それについて考えるメカスの言葉が複雑に絡みあい、結果として問いへの答えは、いつも別の方向に逸れていく。もちろん九四歳のメカスが七五年前の経験を語っていることを考えれば、これは当然のことかもしれない。しかし同時に、メカスの語りの曖昧さは「オーラル・ヒストリー」という形式によって引き出されたものだ。私たちは、個人の経験と深く結びついた、過去の出来事についてイエスかノーだけでは語ることができない。もしそれが可能ならば、そもそも「オーラル・ヒストリー」という形式は必要とされないのだ。

映像の中で語られているのは、メカスが「日記映画」という表現手段を獲得する以前の時代のことだ。メカスが難民として生きた時代――リトアニアを出国した一九四四年からニューヨークでの生活の最初期まで――、彼は紙での日記を絶えずつけており、その日記はやがて『メカスの難民日記』（一九九一年）としてまとめられるが、今回の映像で語られるのは、その時期よりもさらに前の経験ということになる。『難民日記』で記された経験についてさえ「よくこんなことに耐えられたものだ。誰か他の人の話に違いない」と振り返ったメカスにとって、[2]戦間期のリトアニアでの経験は、さらに自分の記憶として感じられなかったかもしれない。

ところで、私たちはここで、メカスが獲得した「日記映画」というスタイルと、オーラル・ヒストリーという形式が、共通して持ちあわせている要素について考えようとしている。それらに類似点はないだろうか。メカスは日記映画で、目の前で起きている現象を、自分の身体や精神的な「反応」を含めた経験として記録した。代表作の一つ『ウォールデン』が、そもそも「日記、ノート、スケッチ」と題されているように、最初の段階でそれらの映像は反射的な「ノート」や「スケッチ」だ。これらをさらに、メカスがある意志を持って「日記」として構成したものが日記映画になる。その日記は、往々にして断片的な記録の集積であり、複数の時間軸が重ねられ、叙述的なナラティブを避けたかたちで構成されているようにみえる。しかしそれでもなお、日々のかけらがナラティブに留まっていると感じられることが、見る人の心に強い印象を残すということがある。主観的な記憶を再構成し、それを物語ること。プロセスも、方向性も異なりながら、メカスの日記映画と、オーラル・ヒストリーには似通ったところがあるのではないだろうか。

文字数や読みやすさの観点から、私たちは本誌にメカスの発言の全てを掲載することを結果的に断念し、マイケル・キャスパーによる論文の要点と、それに強く呼応するメカスの発言の抜粋を、補足しながら要約することとした。これにより、上記に示したようなオーラル・ヒストリーの特徴が損なわれている可能性をお詫びしつつ、ぜひこのテキストと併せて、ホロコーストミュージアムのウェブサイトから、それぞれが最晩年のメカスの言葉に耳を傾けてくださることを願う。

一九四一年八月の森の中でのできごとについて

キャスパーの論文は、一九四一年の八月、ビルジャイから大きな湖[3]（Lake Širvėna）を挟んだアストラヴァスの森で、ドイツ軍主導のもと、学生を含むリトアニア人によって、おぞましいユダヤ人殺害が行われたことに触れている。そしてここでは暗に、メカスがその時期、ビルジャイのギムナジウム（注：中等教育機関）に通っていたことや、同じくビルジャイの叔父の家に住み、事件が起きたすぐ近くで生活を営んでいたことが示唆されている。キャスパーが疑問を呈したのは「メカスの周辺には、反ユダヤ主義的な犯罪に関わった人物がいたのではないか?」ということだ。

『私はそこにいた』はあくまでメカスの周辺人物の関与を疑っており、メカス自身が殺人に関与した証拠は見つかっていないことを強調している（メカスの弟・アドルファスと交際していた女性の証言で、メカスが虐殺の日に森にいることは「不可能」とされているし、一九九九年、イスラエルの弁護士が公開した「ビルジャイのユダヤ人殺害に関与したリトアニア人の一部のリスト」にもメカスの名前は含まれていない）。しかしキャスパーは同時に、メカスによる二〇〇七年出版の書籍『MY NIGHT LIFE』[4]を参照し、一九七八年八月一五日の「夢の記録」において「撃たれたユダヤ人の墓の上に、アストラヴァスで見たような大きなくぼみがあるのを見た」「死体が床から出ることを恐れていた」といった記述があったことを指摘した。このことからキャスパーがメカスに「あなたは自分のしたことに対する罪悪感や呪いを覚えているのではないか?」と連絡すると、「こんなことを聞いてくるな!」「私は詩人として、それらの犯罪を、実際に犯した人々よりも深く感じているんだ!」と、完全否定の返答があったとしている。

オーラル・ヒストリーの中でもメカスは、ビルジャイにいた当初、殺戮現場となった森の中どころか、家の外にも頻繁には出歩かなかったと説明した。

ビルジャイに越しても、ご存知の通り、外を散歩したり、街を知る時間はありませんでした。なぜなら私は五年飛び級したのですから（注：メカスはビルジャイにあるギムナジウムの七年生になるため、一回の冬で高校四年分の勉強をし、かなり大掛かりな飛び級をして街の噂になったと語っている）。私は「本の人間」であり続けました、今は多少悔やんでいますが、都市に親しむことができなかったのです。

アストラヴァスの森でユダヤ人殺害が行われた一九四一年の八月にも、メカスは「ビルジャイに滞在していなかった」と主張する。

私は一九四一年の六月、その期間、ビルジャイにいなかったのです。私は（セメニシュケイの）畑にいました。私がビルジャイにいるのは、学校のシーズンだけだったのです。五月の終わりから九月までは、私はいつも畑で両親を手伝っていました。

一方でメカスは、ユダヤ人の殺害が行われたこと自体については当時から認知していたそうだ。そして滞在はしていないにしても、四一年の夏に、ビルジャイを訪れたとも話した。

私たちはその森がどんな場所かを知っていました。そこへ行くのはとても恐ろしいことで、少し離れたビルジャイからもそのことはわかりました。

人々は何が起きたかに気づいていました。しかしその詳細、彼ら（ユダヤ人）が銃で撃たれたことや、どこに埋葬されたのかなどについては知らなかった。

（虐殺のあった夏にビルジャイを訪れたかを尋ねられて）

行きました。大虐殺の後に、少なくとも二〜三週間は。おそらく、八月のどこかでした。なぜ行ったかというと、私はまだ部屋（注：当時メカスが住んでいた叔父による貸家）に、全てのものを置いていたのです。

キャスパーが論文で示した証拠や、映像内の本人の証言から「メカスは虐殺に関わっていない」という事実はほぼ明らかだ。しかし、これまでに発表されたメカスの著書や作品に目を通してきた人々の中には「では何故メカスはそこまで身近な出来事について、これまで全くと言ってよいほど自身の口から発してこなかったのだろう」と疑問を持たれる方もいるかもしれない。ここではその点を補足するため、オーラル・ヒストリーの中でメカスが語ったアメリカ同時多発テロ事件（二〇〇一年）についての回想を一つ紹介させてほしい。

人は、忌まわしい出来事に反応できるように作られていません。告白しなければなりません。私は九・一一の出来事に――人々が逃げまどう場面に出会うまで、反応できませんでした。私が住んでいるすぐ近く、ソーホーから出る消防士を見た時、はじめてそのことが現実味を帯びてきたのです。ビルが崩壊するところを見た時、何千人の人々が落ちていくのを知った時、私は何も感じることができなかった。それはあまりに大きかったのです。

これに対しインタビュアーが「それはあなたには感情的な反応がなく、事件を気にかけていなかったということか」と尋ねると、メカスは即座に否定。「もっと個人的な何か、識別できる何かを――」と言葉をつまらせた。ここで示唆された「人は〝あまりに大きなこと〟について語ることができるのだろうか」という疑問は、メカスが生前、リトアニアでの戦争体験を頻繁に語らなかった理由にも繋がる部分があるように思う。

戦間期、メカスの周りにいた人々について

オーラル・ヒストリーでは「メカスはユダヤ人に対する犯罪に加担した人物を知っているのか」という問題も俎上に上がっている。この質問に対してメカスは「ノー」とはっきり否定した。しかし、キャスパーの『私はそこにいた』では、レオナルダス・マトゥゼヴィシウス（Leonardas Matuzevičius）というメカスと同じ学校に通った詩人らが、ユダヤ人虐殺の際、その資産を守るように要請されていたことをソ連の秘密警察に告白していたとされている（注：当時、虐殺されたユダヤ人が身につけていた宝飾品は、死体から略奪されていた）。つまり、キャスパーが指摘しているのは「メカスの身近な人間にも〝そちら側〟に加担した人物がいたのではないか」ということだ。メカスはマトゥゼヴィシウスの存在を認知していること自体は認めており、キャスパーの主張についても「本当だとすれば」落胆していることを明かした。

マイケルは、私が知っている人の中に（ユダヤ人の虐殺に）関与した人がいる、と言っていました。

しかし、どのようなやり方ででしょうか？

ビルジャイの学校の二、三年上に、マトゥゼヴィシウスという詩人がいました。彼は若く、良い詩を書き、将来性もありました。しかし、彼は（戦後ソ連に）逮捕され、シベリアに送られました。彼は破壊されたのです。彼より若く、詩を書いていた我々は、彼を大変尊敬していたものでした。ですから、このことをマイケルから聞いた時、すごくショックでした。

ホロコーストミュージアムのインタビュアーは「難民キャンプで出会った人」の中に、ユダヤ人に対する犯罪に加担した人がいたか、と追加で質問した。メカスはドイツのフレンスブルク難民収容所にいた時「それが可能だった人がいた」と返答。しかしそれはあくまで一般論としての話で「軍出身の若い人々は、ドイツ軍から解放された時、反ユダヤ的なものに限らず、殺害や盗みなどの犯罪を続けていた可能性がある」「全ての国に、犯罪に加担する弱い人々がいる」というものだった。

インタビュアーは「難民キャンプの中にユダヤ人に対する犯罪に加担した人はいなかったのか」と改めて問いかけたが、メカスも改めてそれを否定。加えてメカスは、村（リトアニア語でセメニシュケイ）の人々は反ユダヤ主義的な活動に関わっていないこと、そのようなことに関わっていたとしたら、ビルジャイなど都市の人間だ、ということについても繰り返し述べた。

農民たちは、ユダヤ人と協調していた。ビルジャイやパピリスでは[5]、人々はユダヤ人の支援を受けていたからです。私の母や隣人は、ユダヤ人と家族のようにつきあっていました。農民たちは共産主義についての、そういった流言とは無縁でしたし、それを聞いたのは、ビルジャイで学業に戻った時です。少なくともリトアニア北部では、農民たちはとても開放的で、小さな町には必ずユダヤ人がいました。

（ユダヤ人に関する犯罪に）関わっていた人がいたとしても、それは村からではありませんでした。おそらく、ビルジャイの方の人です。当時のリトアニアにとっての二〇キロといえば、まるで三〇〇〜四〇〇マイル（約四八二〜六四三キロ）離れているように感じられたものです。それゆえ私たちはビルジャイの近くにいるとはいえず、セメニシュケイは民衆のうちには入りませんでした。（土地間を気軽に移動できる）車なんてありません！　それどころか、七つの村が一つのラジオを共有していたのです。

「ゲームの中ではない」リトアニア時代にメカスが関わった出版物について『ビルジュ・ジニョス』

キャスパーが『私はそこにいた』の中で提示した問題のうち、メカスがその事実を一部肯定せざるを得なかったのが、メカスが戦間期に関わった二つの刊行物が、明らかに反ユダヤ主義的な内容を含んでいるというものだった。雑誌の名前は『ノーユオシス・ビルジュ・ジニョス（Naujosios Biržų žinios / The New Biržai News 以下ビルジュ・ジニョス）』と『パネヴェージョ・アパイガルドス・バルサス（Panevėžio Apygardos Balsas / The Panevėžys Region Voice　以下パネヴェージョ・バルサス）』。

まず、ビルジャイの地域新聞『ビルジュ・ジニョス』についてキャスパーは、同紙にユダヤ人、共産主義者、ソビエト赤軍をリトアニアの「敵」とみなす内容があったこと、上述したユダヤ人虐殺の翌日の一面には、その殺害を肯定するような見出しが掲げられていたことを指摘している。『ビルジュ・ジニョス』にはメカスも詩を掲載しており、作品それ自体には反ユダヤ主義的な内容は含まれていなかったものの、『私はそこにいた』によると、メカスがソビエト軍の無益について『ドン・キホーテの（ボリシェヴィキの）三月』という題の詩を発表した時、同じ紙面には「ユダヤ人——人類の不幸」という見出しが掲げられた記事などが掲載されていたそうなのだ。

オーラル・ヒストリーの中でメカスは、自身の詩が『ビルジュ・ジニョス』に掲載されていたことを認めている。ただし、同時期にメカスは複数の新聞で自身の詩を発表しており、『ビルジュ・ジニョス』についても、不定期に二つか三つの詩が掲載された程度だったと述べた（そのうちの一つは年末、メカスの誕生日であるクリスマス頃に発表された「逸話のようなもの、農民が動物に話しかける話」だった）。また、地域の詩人にまつわる情報を集めるため、読者として同紙を購入していたこともあったという。

一方、メカスはこの新聞に「制作者」として関わっていた時期もあった。そのきっかけは、同紙の編集者、ジョナス・パトローニャス（Jonas Patronas）との出会いだった。リトアニア時代、メカスは「スペリングの鬼」として知られており、パトローニャスにその腕を買われて声をかけられたという。オーラル・ヒストリーによると、これはおそらく一九四一年の夏の時期で、メカスは村で畑仕事に勤しんでいたため、一度はそれを断ったが、その後、彼から頻繁に電話がかかってくるようになったため、「アンオフィシャルな校正者」として同紙に関わるようになった。メカスは同紙での自分の役割は「スコセッシにサンドイッチを持っていくようなもの」、つまり、あくまでアシスタントとしての仕事だったと話した。

その上でメカスは、この新聞に反ユダヤ主義的な内容が含まれていたとの指摘を基本的に認めている。メカスによれば、当時のリトアニアでは、全ての地方紙が印刷前に、ドイツ軍に主要記事の要約を提出せねばならなかった。また、メカスが校正のために原稿を読むのは、いつもドイツ軍のチェックが終わった後だったという。その上で、メカスが特に強調したのは、この新聞の「一ページ目」だけが、ドイツ軍に捧げられたということである。たとえ、一面がナチスのプロパガンダ的な内容に割かれたとしても、ほかの記事は地元の文化などに関わる内容で埋める。それがナチス・ドイツに対するある種の抵抗のかたちであったということを、メカスは何度も主張した。

一ページ目を、誰も読みさえしませんでした。それを抜きにしては、出版することができなかったのです。占領下の地域新聞の本当の貢献とは、ドイツ軍に理解された上で、書き手たちが、地域の文化を発展させたことだと思います。ドイツ軍に関わる紙幅を最小に、一面だけに抑えて。（中略）私たちは一ページ目をくれてやると決めた。自分たちのやり方で、彼らの裏をかこうとした。私たちはパンくずをやっただけです。

ホロコーストミュージアムのインタビュアーは、メカスたちの意図に関わらず、当時の新聞を六〇年後のいま一読した場合、それはある種の政治思想を誘導する危険性をはらんでいるのではないかと指摘した。それに対するメカスの答えは以下のようなものだ。

しかし、当時我々はそういう風には考えませんでした。「だれがかまうか」と。議論は分かれるだろうし、異論もあるでしょうが、しかし、現実には、そういう状況に本当に生きてみれば、人は出し抜くことを覚えるのです。

人々は生きようとし、妨げられることなく、通常の生活を続けようとする。状況を無視しようとするのです。いわば、直接的でない、見えないかたちで占領と戦おうとする。戦いは終わりなく、いつでも続けられている。ありのままであろうと、アイデンティティを守ろうとするのです。

いま、取材を行っているあなたがいるのは現在です。自由で、アメリカに暮らしている。リトアニアにいたわけではない。あなたは外側から見ている、別の文脈から。（中略）当時の状況がいかに切迫していたのかをきちんと表せていません。我々はゲームをしていたのではないのです。

私がいたのはゲームの中ではない。それは現実の状況でした。私の鼻に突き付けられた銃が現実であるように（注：後述の「リトアニアからの出国をめぐるエピソードについて」の項目を参照）。（中略）全て現実だった。現在では、ゲームのように見えるかもしれない。しかし、それはゲームではなかった。

リトアニア時代にメカスが関わった出版物について『パネヴェージョ・バルサス』

キャスパーが論文の中で槍玉に挙げたもう一つの媒体が、パネヴェジースで発行されていた週刊誌『パネヴェージョ・アパイガルドス・バルサス（以下パネヴェージョ・バルサス）』だ。[6] キャスパーはこの雑誌が、「ユダヤ戦争」といった見出しを掲げる記事や、東部戦線でのドイツの勝利に関する熱心なレポートを掲載していたことを示した上で、戦後、オランダを本拠とする「欧州ホロコースト研究機関」が、同誌を「ナチスの政策」などと位置付けていると指摘。さらに、同誌に掲載された一九四四年のメカスのエッセイが、三人のユダヤ人が、リトアニア人のふりをしていたとして糾弾された事件について言及していることにも触れている。

オーラル・ヒストリーの証言によると、同誌でのメカスの役割は、編集者のジョナス・ナルブタス（Jonas Narbutas）と彼のアシスタントたちが持ってきた記事を揃えてレイアウトすることだったという。テーブルの上に揃えられた記事をタイピストや校閲者のところへ持って行き、調整後の記事を決まった位置に配置する作業を、メカスが担当したのだそうだ。

その上でメカスは、『パネヴェージョ・バルサス』はあくまで「ニュース等のページを含む週刊文学誌」だったと述べた。メカスが同誌に関わっていた期間（メカスがリトアニアを去る前の一〇ヶ月ほど——一九四三年の九月〜一九四四年の七月頃——には、反ユダヤ主義的な主張は見当たらなかったという。

私は『パネヴェージョ・バルサス』をパネヴェジースの小さなオフィスで受け取っていたから、よく覚えているのです。それらは、全て地域文化についての内容でした。そして人々は（ドイツに関する知らせに）飽き飽きしていた。ドイツ人がどこにいるかわかっていたし、それに、ドイツ人がどういう人かについてもわかっていたはずです。そして、全てを見たわけではないから一〇〇パーセントとは言わないけれども、『ビルジュ・ジニョス』にはそうした（反ユダヤ主義的な）内容の記事はありませんでしたし、『パネヴェージョ・バルサス』にも見当たらなかった。

しかし一九四二年以前には、『ビルジュ・ジニョス』と同様、『パネヴェージョ・バルサス』の誌面はドイツのプロパガンダに捧げられていたようだ。「政治的な記事について関与していたのか」というインタビュアーからの問いに対しては、メカスは「記事がどういう内容であろうと、私の机にそれらは届けられた。結局全ては私の机の上にあったのです」と話すにとどめている。

一方、オーラル・ヒストリーの別の部分でメカスは、「記事の全ては読まないまでも、地元のニュースや美術など、パネヴェジースで起きているものごとが、もれなく伝えられているかどうかについて確認していた」とも語っており、彼が同誌に掲載される内容についてどの程度の権限を持っていたかについては、明らかにはなっていない。

最後に、ホロコーストミュージアムの映像で語られた内容を他の資料と照らし合わせてみると、幾ばくかの齟齬があることについても記しておきたい。例えば『メカスの難民日記』の序文には「（メカスが）編集長をしていた地域の週刊新聞」や「一年間整理部の編集者として働いた全国的な文芸主体の週刊誌」についての記述があり、さらに書籍『ジョナス・メカス　ノート、対話、映画』のバイオグラフィー[7]にはメカスが「『ビルジュ・ジニョス』の主幹」であり「『パネヴェージョ・バルサス』の編集助手」であったことが記されている。オーラル・ヒストリーでの証言とは矛盾が見られる内容だが、ここでは、あえて、メカスの発言をそのままに記しておく。

リトアニアからの出国をめぐるエピソードについて

キャスパーは『私はそこにいた』の中で、メカスはナチス・ドイツの勢力が弱まった時期にリトアニアを出国したのではないか、という疑念も呈している。メカスは、これまで自身の書籍等で「ドイツ軍に追われてリトアニアを逃げた」と述べてきた。しかしキャスパーは、メカスが出国した一九四四年七月の数週間前、ナチスはリトアニアでの支配を弱めており、むしろ、その時期ソ連が再び侵攻を強めていたと指摘。これについて、リトアニア系アメリカ人の歴史家による「一九四四年にリトアニアから逃れた人々の九九パーセントはナチスではなくソビエト軍から逃げていた」という見解も示している。

しかしメカスはオーラル・ヒストリーの中で、これまで通り「自分はドイツ軍に追われて逃げてきた」と強調した。ところで、この主張と大きく関わってくるのが、メカスがソビエトの占領時代から関わってきたリーフレットの存在だ。

このリーフレットは、BBCラジオの放送内容をリトアニア語に翻訳する非公式の出版物で、『メカスの難民日記』の冒頭部分にも「反ドイツ活動」「小さな地下組織」「週刊の地下新聞」として言及がある。[8] メカスはソ連占領時からこのリーフレットに関わっており、当初は配布に、ドイツの占領下には、製作にも携わるようになった。シャピログラファス（Shapierografas）と呼ばれる、ミメオグラフ機のようなもので複製して配布されたという同紙の発行には、後に『パネヴェージョ・バルサス』の編集者になる人物も関わっていて、メカスはドイツ軍下でギムナジウムに通いながら、同時進行でこのリーフレットの発行（地下活動）に関わり、他にも地域新聞『ビルジュ・ジニョス』の発行、さらには劇場の運営にも携わっていたのだという。

オーラル・ヒストリーによると、メカスはBBCからの放送を直接聞いたことはなく、彼の役割は、すでにリトアニア語に訳された原稿を、与えられたタイプライターで打ち込むことだった。この活動に関わるスタッフの素性について、メカスはほとんど知らされていなかったそうだが、彼が唯一記憶しているのが、連絡役だったオストラウスカス（Ostrauskas）という人物だった。タイプライターとオストラウスカスは、メカスがリトアニアを出国することになった理由となるエピソードに大きく関わっている。

私がタイプライターを使うのは夜、叔父の家の屋根裏の中でだけでした。私はそれを外の納屋のような場所の、薪の山の中に隠していました。私はそこがとても安全だと思っていたのです。誰もここには来ないだろうと。しかしある夜、私がタイプライターの元へ行くと、それがなくなっていました。盗まれたのです。

オストラウスカスが原紙を取りにやってきたので、私は「タイプライターが盗まれたから打ち込めなかった」と言いました。すると彼はすぐさまパニックに陥りました。彼の表情を覆う変化や、どの態度をとっても、まるっきり混乱していました。なぜなら、彼は以前「このタイプライターには気をつけて。ドイツ軍警察が探しているから」と私に伝えていたのです。それは雨の日で、オストラウスカスはレインコートを着ていたのですが、彼が最初にしたことは、銃を抜き、私の顔に向けるというものでした。何が彼を襲ったのかは未だに謎のままですが――それはあまりに――あまりに――。彼の行動が何を意味するかというと「これは私だけでなく、おまえの死にも関わる」ということかもしれません。そして彼は銃を下げました。私は今日になってすらその意味が、彼の感情や動機がわかりません。しかし、それはパニック症状のようなものだったのでしょう。彼がリーフレットを販売しているのを、突然、ドイツ軍によって見つけられてしまうから。それは最悪なことです。彼は銃を降ろした後「消えろ、すぐに」と言いました。すぐに。

それが私がリトアニアを去った時です。私はそのことを叔父に話しました。何が起きたのかを。そして叔父は「発つべきだ」と言いました。オーストリアのウィーンに電車で行くのが一番良い選択でした。ウィーンの大学に入ることが。

メカスは、自身がリトアニアを発たねばならなかった理由とその経緯について、再び記憶を紐解き、その詳細を語った。まずはタイプライターが盗まれ、オストラウスカスがメカスに銃を向ける。オストラウスカスに「消えろ」と告げられる。プロテスタントの牧師で叔父のヤシンスカスが、ウィーン行きの電車に乗るための許可を貰ってくる。その後、叔父のつてを辿って、医師から偽の結核の診断書を発行してもらい、弟のアドルファスと共にパネヴェジースからウィーン行きの列車に乗り込む（アドルファスはメカスと違い、地下活動には関与していないどころか、その存在すら認知していなかったそうだが、メカスと同じ屋根裏に住んでいたことからドイツ軍に疑いをかけられていたという）。

以上が、メカスが「ドイツ軍に追われて」リトアニアを発ったという主張の内容だ。メカスの主張はキャスパーの指摘を受けても変わることなく、それどころか彼は、これまで語られなかったオストラウスカスのエピソードなども交えてその経緯を語った。

オーラル・ヒストリー収録中のメカスの様子

ここからは、『私はそこにいた』の内容からは少々逸れるものの、映像内で特に印象に残ったメカスの発言について追記させてほしい。まず、メカスは映像の中で、戦間期に自身が「殻の中にいた」ことを何度も主張した。

私は幼い頃、とても病弱でした。ただただ内向きになっていました。ほとんど何にも興味を持っていませんでした。そして、私の世界は本の中にあると知るようになりました。とてもとても小さい頃から、自分の周りの世界には興味がありませんでした。病は私を神秘へと導きました。（中略）私はまるっきり違う世界にいました。神秘主義に夢中になりすぎるのは、あまり良くないことでした。現実に戻ってくるまでに、何年もかかりました。私は未だにエックハルト、マイスター・エックハルト（ローマカトリック教会の神学者で、ドイツ人の神秘主義者）と共にいます。そう、文学は——とにかく、感性や興味をどこかへ運んで行くのです。ミューズが完全にコントロールするのです。

『メカスの難民日記』の序文でもメカスは、自身が幼い頃病弱で痩せて骨ばっており「死人」と呼ばれていたことや、読書にのめり込んでいたことを記している。「日々の暮らしにも身近なものにもまったく関心がなかった。たとえば、二〇歳になるまで自分の食べたものを憶えていなかった」と。同時に、読んだ書籍については「内容全てを記憶していた」と回想している。

さらに『難民日記』の発行と同じ九一年、メカスが日本を訪れた際の『すばる』[9]の取材では、メカスは「私が自分という存在や、リトアニアという国、自分が生まれ育った村についてはっきり自覚したのは、戦後、ドイツの強制収容所の中でした」とも話している。そして『すばる』での主張と呼応するように、一九四四年七月二一日のメカスの日記（注：この時点でメカスは二一歳）には、以下のようなことが記されていた。

ああ、私たちはなんて間抜けだったのだろう。戦争が始まって何年もたっているのに、**これは本ものの戦争**だということを実感していなかった。

ホロコーストミュージアムの取材中、メカスは戦間期の記憶について「知りません」「興味がありませんでした」と度々返答し、インタビュアーに疑念を向けられている。しかしその局面においても、メカスは自身が「殻の中にいた」ことを繰り返し強調した。

人々は周囲に興味がない人間のことを理解してくれない。私に汚名を着せた人がいました（インタビュアーが『『ニューヨーク・レビュー・オブ・ブックス』ですね」と指摘すると、メカスは肯定）。それら全ては馬鹿げていた！　彼（キャスパー）は一人の人間が完全に興味の中に沈み込むということを理解していない。私は社会のことなんて知りはしない！　そこにいる誰のことにも、何にも興味がなかった。（中略）文学以外は、存在しなかった。それが全てです。

映像内で「そして今も殻の中に――つまり今日も、私は殻の中にいる」とすら漏らしたメカスは、インタビューが一時間を過ぎた頃、動揺した様子で一度インタビューを遮っている。

私はいまここで質問されること（戦間期の記憶）に、手を伸ばそうとしています。直感的に。当時を過ごした詩人として。私が間接的に覚えていることについては「私が正しい」とわかっていますが、しかしそれでは、（歴史上の）事実や詳細に指をかけられた気がしないのです。意味を狭く制限しすぎてしまうことは危険です。それを開くことを許してください。時に記憶の観察は、事実よりも正しいのです。

メカスは自身の記憶が客観的な情報に当てはめられ、その意味を制限されることを恐れていた。キャスパーの指摘した通り、メカスは確かに反ユダヤ主義的な内容を含む出版物に関わっていたし、固有名詞や数字にまつわるメカスの記憶はかなり曖昧なものだった。しかし、六時間以上の映像を観終え、メカスが「ゲームではない」現実を生きてきたのだという肉声を聞いた時「記憶の観察は、事実よりも正しい」というメカスの主張を無視することは難しいだろう。

おわりに　花畑に長靴で踏み入らぬために

『私はそこにいた』が六月七日に公開され、メカスが六月二九日と七月一日にホロコーストミュージアムから取材を受けた後の七月一九日、『ニューヨーク・レビュー・オブ・ブックス』には本件を巡るもう一つの記事が公開された。

『On Jonas Mekas: An Exchange』と題されたその記事に掲載されたのは、美術評論家のバリー・シュワブスキー（Barry Schwabsky）による『私はそこにいた』への反論と、それに対するマイケル・キャスパーの返信だった。シュワブスキーの意見は主に「メカスがソビエトとドイツの両方を等しく恐れているとすれば、物語はねじまげられていない」というもので、彼はキャスパーが『私はそこにいた』の中で引用した「一九四四年にリトアニアから逃れた人々の九九パーセントは、ナチスからではなくソビエト軍から逃げていた」という見解については、それ自体もっともらしいが、メカスの説明に疑いを投げかけるものではないとした。

これに対してキャスパーは、この論文を執筆した目的が「メカスによる間違いを見つけること」ではなく、「戦時中の彼の人生が、彼が公に語ってきた内容よりも複雑だったと実証すること」にあったと述べた。そして「私はメカスが殺人を犯したとは思わないし、その点を強調するためにいくつかの証拠を引用した」と説明。その上で改めて「メカスは、リトアニアの野原や森をさまよう素朴で中立的な詩人ではなかった」「メカス自身と彼の考えがどこからきたのかを理解せずに、彼とその作品を理解することはできない」と綴った。

キャスパーの言う通り、これまでに発表され、翻訳された書籍を読む限り、ジョナス・メカスが「中立的」などということはありえないだろう。メカスがかつて「私は中庸が嫌いだ。私はかっとしやすい。よく破壊的になる。私にはくさりをかけておくべきかもしれない」と書いた通り[10]、彼は「中立的」どころか、一度そうだと決めた方角に走り始めると、誰にも止められないような激しさを持ち併せていた。

しかしメカスが自制心を忘れるほどに疾走する時、そこには必ず「何かを守る」という目的も伴っていたように思う。例えば『メカスの映画日記』では、近代美術館でのサイレント映画上映時にしゃべりこんでいた映写技師のことを「腐れきっただめな、下劣な、臆病な、にたにたした、バカな、もぞもぞしたとんまども」「虫けらども」などと表現するなど、メカスは自身の「守るべきもの」をおざなりにする相手に対して、怒りを露わにすることをためらわなかった。[11] そしてこの『映画日記』を全て訳した飯村昭子氏は、あとがきでこんな風に綴っている。[12]

この本のいたるところにある、馬鹿だのとんまだのというののしりの言葉は、もちろん相手を否定するための否定ではないことに注意してほしい。非力な〝友人〟たちが、我利我利亡者たちにふみにじられ、不当に泣かされている時、彼の口から出る言葉は怒りのあまり節度を失い、この世でもっとも汚い、ののしりの言葉となる。そのののしりの裏にあるのは、熱い血であり愛である。

ジョナス・メカスが反ユダヤ主義的な主張を含む出版物に関わっていたという事実は、決して簡単に受け入れられるべきではない。しかしメカスが、自らの言葉で反ユダヤ主義的な主張をしたり、犯罪に関与した証拠は見つかっていない。その上で、今回のオーラル・ヒストリーにおけるメカスの主張に耳を傾けると、戦間期の彼の行動は、人々を「ナチスを支持することに導いた」というよりむしろ、地方紙の「一ページ目以外」をはじめとする、故郷リトアニアの「非力な〝友人〟たち」を守ろうとする気持ちに裏付けられたものに違いないと信じたくなる。

また、『フローズン・フィルム・フレームズ』に掲載された一九七一年の日記でメカスは、ニューヨークの人々には自分の身を守るために、本物の銃を手にして「撃たなければならない」状況があると書いている。[13] それに続けて「私も身をまもろうとして、日記映画を撮った」と綴る。「撃つ」と「撮る」は、英語では同じ「Shoot」で表現され、メカスにとっては映画を撮ることすらも「守るための戦い」だったのだという事実を思い知らされる。

一九九一年の『SPA!』[14]に掲載されたメカス来日時のレポートには「リトアニア人は、農作業をやっている時なんかでも、ふらっと森へ行って、もの思いにふけって涙を流すほど、叙情的な民族なんです」というメカスの言葉が紹介されているが、そんな星の下に生まれ育ったメカスが何故、九六歳まで激しい「戦い」を続けられたのかと考えた時、もう一つ、思い起こされるメカスの言葉がある。

> 詩は何百という口を持つ。詩人はバラの花を歌い上げることも、王者や神に怒りをぶちまけることもできる。しかし、たとえどちらを行なうにしろ、詩人は自らの意思でそれを行なう。（中略）読者よ、

あなた方の大統領を射殺せよ、もしそうしなければならぬと感じるなら。だが、長靴をはいたまま無意識の花畑に踏み入ってはならない。[15]

キャスパーの指摘するように、メカスは決して「中立的な詩人」ではない。しかし同時に彼は紛れもなく詩人なのだ。自らの意志で、どんな手を使っても、花畑を守ってきた。一九六二年に書かれた右記の文章の中では、詩やユーモアや美学の花畑に踏み入ってきたのは「知識の長靴」だったのに対し、戦間期、メカスの花畑を荒らしたのは、紛れもなく兵士の重い長靴だったはずだ（メカスが初めて撮った写真のフィルムは、ソ連軍にその場でカメラから抜き取られ、地面に叩きつけられ、ブーツで踏みつけられた）。常に大国に翻弄されてきたリトアニアで、病弱な青年が生き延び、花弁に頬ずりをするためには、どれだけの意志が必要だったのだろう。見知らぬニューヨークの地に、再び根をおろすためには。書籍への異常なまでの没入もまた、メカスの生存本能によるものだったのではないかと思えてくる。生半可な「殻」では、守るべきものを守れない。六時間以上におよぶオーラル・ヒストリーを観て、そうして築かれたシェルターが、メカスが九四歳になってもなお機能するほど頑丈に出来上がっていたことを知らしめられた気がした。

最後に、『どこにもないところからの手紙』でメカスはアダム・キャーヴィチュスという詩人の「人生はその人間の生き方のみによって証明できる定理である」という言葉をひいたことがあった。[16] マイケル・キャスパーの『私はそこにいた』は、確かにメカスにまつわる新たな事実を明らかにはしたが、やはりその人生を証明できるのは、メカス自身の生き方でしかないだろう。

1 J. Hoberman『MY DEBT TO JONAS MEKAS』(The New Yorker, 2019) https://www.newyorker.com/news/postscript/my-debt-to-jonas-mekas

2 ジョナス・メカス『メカスの難民日記』一四ページ（株式会社みすず書房、飯村昭子訳、二〇一一年）

3 リトアニアの北部にある都市。ラトビアとの国境付近に位置する。

4 JONAS MEKAS『MY NIGHT LIFE』(Baltos lankos publishers、2007年)

5 メカスの生まれたセメニシュケイからほど近くにある小さな町。メカスの両親が通った教会や、メカスの通った郵便局がある。

6 ビルジャイとカウナスの中ほどに位置するリトアニアの都市。メカスとアドルファスがウィーン行きの電車に乗った場所。

7 ジョナス・メカス『ジョナス・メカス　ノート、対話、映画』三二三ページ（株式会社せりか書房、木下哲夫訳、二〇一二年）

8 ジョナス・メカス『メカスの難民日記』一四ページ

9『すばる』一九九一年一一月号「旅というエデュケーション」（集英社、一九九一年）

10 ジョナス・メカス『メカスの映画日記―ニュー・アメリカン・シネマの起源 1959 - 1971』一八八ページ（フィルムアート社、飯村昭子訳、一九七四年）

11 ジョナス・メカス『メカスの映画日記』三一五ページ

12 ジョナス・メカス『メカスの映画日記』三七五ページ

13 ジョナス・メカス『フローズン・フィルム・フレームズ―静止した映画』二四ページ（フォトプラネット、木下哲夫訳、一九九七年）

14『SPA!』一九九一年九月一一日発売号「今週の祈り」（扶桑社、一九九一年）

15 ジョナス・メカス『メカスの映画日記』六七ページ
16 ジョナス・メカス『どこにもないところからの手紙』一一四ページ（書肆山田、村田郁夫訳、二〇〇五年）

作品解説＋著書解題

ジョナス・メカスの主な作品、著作をとりあげ、ここに紹介する。

井戸沼紀美
井上二郎
金子遊
川野太郎
菊井崇史
柴垣萌子
吉田悠樹彦
若林良

写真＝大森克己

ザ・ブリッグ（営倉）

一九六四年／六八分／モノクロ／16ミリ

メカスの初期の代表的なドキュメンタリー映画。ニューヨークを拠点にするオフ・ブロードウェイの劇団・リビングシアターの公演『営倉』を楽日に観にいったメカスは、グリニッジ・ヴィレッジにあった彼らの劇場が閉鎖されてしまうため、この芝居を映像で記録しておかなくてはならないと考えた。そして俳優たちと劇場に入り、ひと晩で撮りあげたのがこの作品である。舞台版の『営倉』は、アメリカ海軍の営倉に放り込まれた男たちが、上官に怒鳴られながら朝起きて訓練にあけくれ、食事や掃除をする姿を描いたもので、監獄における日常のように非人間的なあつかいをされる様が淡々とつづく。

メカスは舞台をフィルムで記録するために、映画カメラと必要な機材をその体に装備し、ときには舞台の俳優たちのなかに入りながら撮影した。舞台の全体で何が起きているのかを記録するのではなく、自分の視点から見えたできごとだけを撮影する手法を採用し、俳優の至近距離から撮られた映像は、類を見ない迫力に満ちている。

この映画の製作の顛末については、著書『メカスの映画日記』に詳しい。撮影されたフィルムの編集は、主に弟のアドルファス・メカスが担当した。一九六五年のヴェネツィア国際映画祭で、ドキュメンタリー部門の最優秀賞を受賞。海外版のＤＶＤには、メカスがどのような姿でこの作品を撮影したのかが視覚的にわかる、貴重なフッテージが収録されている。

（金子遊）

ウォールデン

一九六九年／一八〇分／カラー／16ミリ

『日記、メモ、スケッチ』の別題をもつ、「日記映画」の嚆矢となった代表作で、一九六五年から六九年までに撮影された映像で構成されている。メカスはニューヨークに到着直後の一九五〇年ごろから、ボレックスで日常をつぶさに記録することを習慣としたが、この習慣はある時点までは「映画を撮るための練習」だったと、のちに述懐している。その習慣がやがて映画という形で結実していった。

発表から五〇年余りが経つが、本作の新鮮さは衰えることなく、その実験性を物語るために、これまで多くの言葉が費やされてきた。たとえば南カリフォルニア大学のデヴィッド・E・ジェームズは「映画という媒体の新しい使い方を提示した作品」と位置づけ、メカスと親交も深かった実験映画研究者のアダムス・シトニーは本作の人物描写を「省略的で、断片的である」としながらも、「いかなる映画によっても得られない、あの場所あの時代の感覚を取り戻すことができる」と語る。ウォーホルら同時代の芸術家の記録としても知られるが、メカス自身はこのスタイルについて「その道具（＝ボレックス）を使って、私の感情を示し、反応する。それはすなわち、撮影しながら同時に構成することである」と述べた。

日本では、ダゲレオ出版から二枚組のDVDが発売され、場面ごとの詳細な解説を記載した「ウォールデン・ブック」の翻訳が付録としてつけられた。発言はここから引用している。（井上二郎）

リトアニアへの旅の追憶

一九七二年／八八分／カラー／16ミリ

メカスの代表作であるとともに、前衛実験映画史に名を残す不朽の名作である。二〇〇六年にはアメリカ国立フィルム登録簿に保存され、今もなお世界中で高い評価を受けている。

構成としては全三部からなり、全編にわたりメカスのナレーションが入れられている。

第一部は、一九四九年にアメリカに亡命したメカスが翌一九五〇年から一九五三年に撮影した映像から始まる。人々の陽気な映像は、シーンごとに白黒やセピア色に収められている。その断片的な構成からは、何かを探し求めているかのような不穏さが感じられる。

第二部では一九七一年、メカスの故郷リトアニアが舞台となる。第二次世界大戦以来、二七年ぶりに故郷を訪れたメカスの歓喜の想いが響き、難民としての生活を強いられた空白の時を埋めていく。メカスの母、叔父、兄弟や親戚が次々と登場する映像は、草原や畑の中をまるで幻想のように揺れ動く。

第三部では、かつてドイツ軍から逃れるために偽造した学生証を持ってウィーンに向かったメカス兄弟が強制収容されてしまったドイツの元収容所を訪れる。そうした導入部分の後には、溢れんばかりの豊かさに満ちたウィーンでの映像が待っている。しかし、その楽しげな映像から時折メカスの嫉妬と悲しみの言葉が響く。そうした言葉と映像とのギャップが、本来であればそこに居たはずだったメカス自身を――「ありえたかもしれない自分」を探し求めているかのように思わせる。

（柴垣萌子）

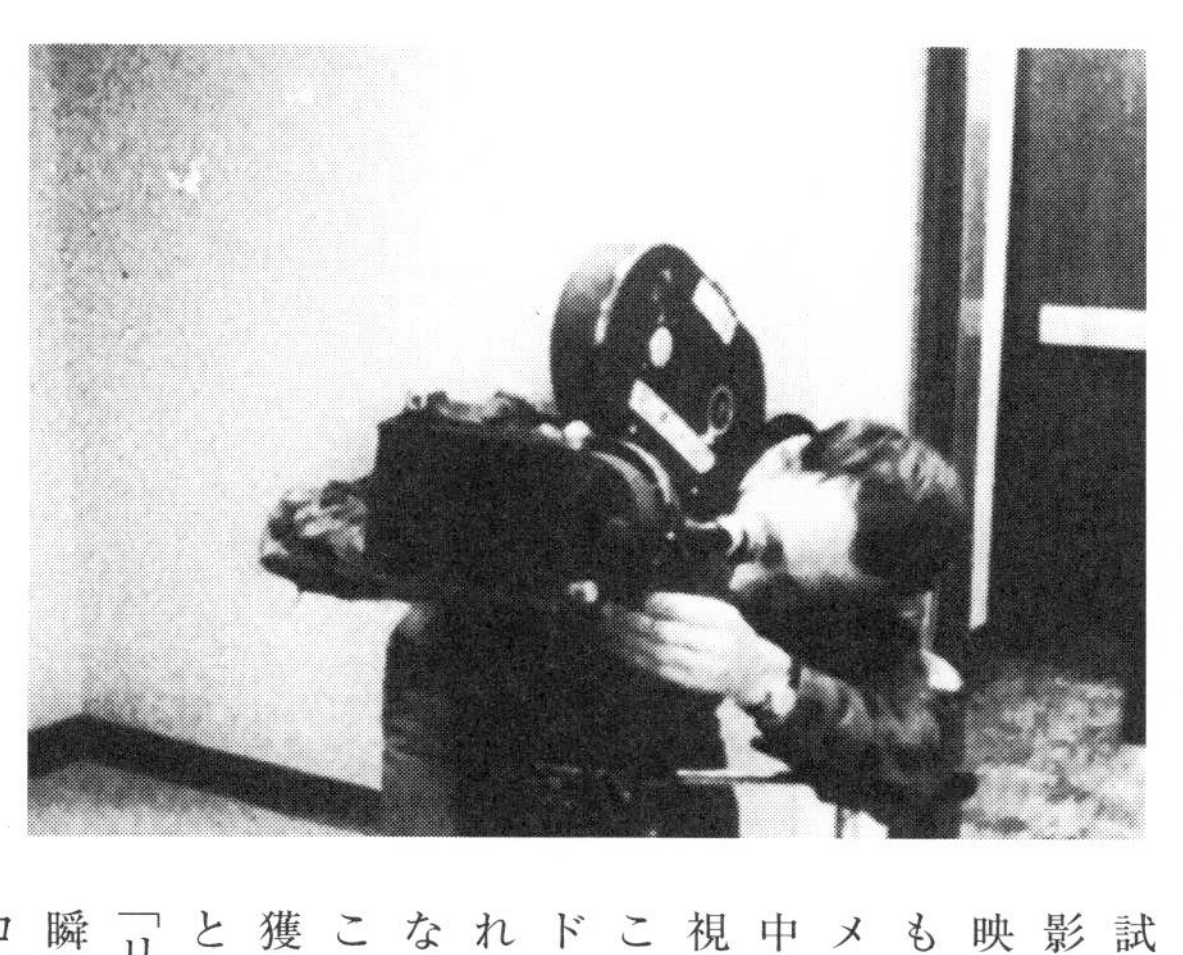

ロスト・ロスト・ロスト

一九七六年／一七八分／モノクロ・カラー／16ミリ

この6リールのフィルムをとおし、一人の亡命者の感情を描写しようとした、メカスはそう述懐している。本作には、メカスがアメリカに亡命後、ボレックスを手にし、撮影を開始した最初期の映像がつかわれている。新たな地に根をはろうとする絶望的な試みだったと振りかえるこの初期の映像が重要であるのは、撮影から映画が結実するまでの時間の幅のなかで、結果的に本作が、映画作家ジョナス・メカスの方法的変遷を顕著に見せるところにもあるだろう。前半部のリールにおいては、当時アメリカのドキュメンタリー映像の撮影方法との類似が指摘されるとおりであり、中盤から終盤にかけては、手持ちキャメラの撮影や、キャメラの視座等、ジョナス・メカス独特の映像文体があらわれているのだ。この映像文体の差異において、彼が自らの方法を獲得することのドラマを感じることもできる。メカスは、本作が自らの郷里を忘れることもできず、しかしながら亡命者として生きはじめた新たな地を獲得することもできていない、暗い心の暗示をタイトルにこめたと告げているが、キャメラを身体化し、みずからの映像を獲得することこそが、亡命者としての自らの居場所を模索することとかさなっている、そう言えるのかもしれない。メカスは言う。「リール6」は移り変わりの時期であり、そこに幾つかの幸福の瞬間を見つけはじめ、新たな生活がはじまったのだ、と。「ロスト・ロスト・ロスト」という喪失の裏には、メカスの新たな呼吸が息づいているのだ。

（菊井崇史）

樹々の大砲

一九六二年／七五分／モノクロ／16ミリ

なぜフランシスは自殺したのだろう？――しばしばキャリア唯一の「劇映画」として言及されるメカスの長編デビュー作は、ひとりの自死をきっかけにはじまる、同時代をめぐる省察だった。希死念慮に苛まれる二二歳の女性と彼女のパートナー、彼らの友人夫婦という四人の若者が送る日々を中心に、一九六〇年代初頭のニューヨークが描写される。

物語の時系列を壊したような構成と通底する不協和音が印象的。核、ニクソンの選挙活動、キューバとの対立といった不穏に満ちた「ビートの時代」の市民運動の記録映像や、アレン・ギンズバーグによる朗読の音声が挟まれるスタイルは、以降の「日記」的な作品群も連想させる。

題名は、通りの樹々さえも自分に向けられた銃に見える、というS・パーコフの詩からとられた。「『樹々の大砲』は（…）解決ではなく、不安の領域を示そうとする。暗闇の時代はまだ続いている。私もまたその暗闇の一部だ」（一九六〇年三月の日記より）。

（川野太郎）

ライフ・オブ・ウォーホル

一九九〇年／三五分／カラー／16ミリ

ヴェルヴェット・アンダーグラウンド・アンド・ニコの最初のパブリックなコンサートの映像と、ひずんだ「I'll Be Your Mirror」のサウンドトラックとともにはじまる、アンディ・ウォーホルと彼がいた季節偲ぶ小品。メカスはウォーホルと彼のファクトリーに宛てた別の映画やエッセイのなかで、この友人のことを「聴く人」であると呼んでいる。だからこそ「悲しみ、混乱した魂の持ち主たち」も、「自分たちのままで受け入れられる」と感じて彼のもとに集まったのだ、と。彼の周囲を行き交う人々の表情やアクションがつたえるのは、そんな「場」としてのウォーホルの肖像でもある。残された者が生きていくつらさを率直に歌うNitty Gritty Dirt Bandの「Livin' Without You」をバックに海岸で戯れる人々を映した美しいシーンを挟んで、葬儀のミサがおこなわれたセント・パトリック大聖堂の録音でしめくくられる。一九九〇年、ウォーホルのポンピドゥ・センターでの回顧展にあわせて制作された。

（川野太郎）

リトアニアの独立とソ連邦の崩壊

二〇〇八年／二八九分／カラー／ビデオ

ソ連の崩壊、およびリトアニアという国家の独立のプロセスを、五時間近くにわたって丸ごと記録した映画である。

そうはいっても、一筋縄ではいかない。映画は一九八九年のベルリンの壁の崩壊、そして九〇年一月のゴルバチョフによるリトアニア訪問の時期からおさめている。この時代、すでにビデオデッキは多くの家庭に普及していたはずなのだが、メカスはわざと手持ちのビデオカメラでテレビ画面を撮影している。それはテレビの枠が常に入っていることからもわかるし、メカス自身が語るように、ときおり妻や子供たちの声、メカス自身の感嘆の声などが一緒に記録されている。あくまでも家庭のテレビ画面の前に座っていたという、「個」の視点に立脚しているところにメカスらしさがある。

「このビデオ映画は、ソ連が崩壊する期間に、テレビのニュースで放送されていた映像をソニーのカメラで撮影したフッテージで構成されている。テレビのニュースキャスターたちの手による、あの重要な期間に何が起こり、どのように起こったのかについての記憶のカプセルである。まるで不合理ですらあるような、確固たる意志を持った一人の男（ヴィータウタス・ランズベルギス）によって、国家の運命ががらりと変化する、ギリシャの古典劇としてこれを見ることもできよう。一つの小さな国が大いなる力によって支えられ、不可能に対して自由を回復すると決心したのである。」〈ジョナス・メカス著、金子遊訳〉

〈金子 遊〉

グリーンポイントからの手紙

二〇〇四年／八〇分／カラー／ビデオ

二〇〇四年、ジョナス・メカスは、三〇年近く暮らしたマンハッタンのソーホー地区から、イースト・リバーを挟んだブルックリンのグリーンポイントに家族とともに転居した。この転居にまつわる顛末を記録した作品。

同時多発テロから三年余りが過ぎていた。季節は冬であり、作中にも雪が映し出されるが、全体として、映画は暖かさと親密さの印象に満ちている。ノラ・ジョーンズの歌声など、その場で流れる音楽の数々がリードとなり、場面に転調を与えている。冒頭はソーホーのアパートで行われた晩餐。誰もいなくなった部屋を前にメカス自身が「THIS EMPTY PLACE」とつぶやく。転居先では、新たに常連となっていくカフェやバー、教会が記録される。ある場面では、俳優の若い友人と新居でディランを合唱する。この時期メカスは眠れないことがあったのか、就寝に着く前の自分自身を映して「眠れない…」とつぶやくシーンが印象的だ。

（井上二郎）

スリープレス・ナイツ・ストーリーズ 眠れぬ夜の物語

二〇一一年／一一二分／カラー／ビデオ

『千夜一夜物語』から着想を得たという作品。劇中、小林一茶、松尾芭蕉、紫式部の言葉が引用される。ビョーク、ハーモニー・コリン、パティ・スミス、オノ・ヨーコ、ルイ・ガレル、ケン・ジェイコブスらが登場。メカスの友人たちの語りが、次々に繰り広げられていく。

部屋でメカスがエイミー・ワインハウスに杯を捧げ「周りの声は気にするな／言わせとけばいい／誰が何を言おうと構うもんか／僕たちが付いてるぞ」と熱弁する場面の後に、トラブルかと思われるほどの不自然な画面停止がある。パリ、リスボンなど、様々な場所に移動し酒を飲み続けるメカスを、いつも側で見守るセバスチャン・メカスの微笑みが印象的。娘のウーナ・メカス、弟のアドルファス・メカス（同作が発表された二〇一一年に逝去）も終盤に登場する。メカス作品には珍しく、エンドロールが流れるのも特徴的（本編終了後に表示される自筆のコピーライト表示は「２０１０」）。

（井戸沼紀美）

幸せな人生からの拾遺集

二〇一二年／六八分／カラー／16ミリ&ビデオ

「拾遺集」の名の通り、主に二〇〇〇年までのメカス作品で使われなかったシーンの数々で構成された作品。加えて、メカスがフィルムを編集する様子をデジタルで映した映像も使用されている。

六〇〜七〇年代頃から、一五歳の少女・ダイアンがメカス宛に送った手紙が度々抜粋されるほか、ウィリアム・バロウズ、ロバート・フランクらも登場。メカスが「更けゆく夜に働くフィルムメーカーの孤独」を語り、自作のイメージたちは「記憶ではなく現実」と言い切る、自伝的要素も含んだ重要作。

『グリーンポイントからの手紙』や『歩みつつ垣間見た美しい時の数々』にも参加し、メカスが見た夢を自らタイプライターで打ち出した書籍『MY NIGHT LIFE』ではイラストと装丁を担当したリトアニア出身のアウグスト・ヴァルカリスが音楽を手掛けている。劇中で流れる合唱曲は七四年にクレムスミュンスター修道院で行われた自身の結婚式の音声とのこと。

（井戸沼紀美）

三六五日プロジェクト

http://jonasmekas.com/365/month.php?month=1

メカスは二〇〇七年一月一日から一年間、毎日一本の短編動画を制作し、自身のウェブサイトからハイパーテクスト的に配信を続けた。動画の内容は一九八七年から撮りためた未編集のビデオ映像と、新たに撮り下ろしたビデオ映像が中心だが、時折フィルム映像や、友人や家族が撮影した映像も用いられた。メカスの活動の場であるニューヨークの多様なジャンルのアートシーン、ヴィルジニー・マーシャンをはじめ周囲の人々の動き、日常から旅先まで様々な風景が収められている。一日一日みていくとメカスの活動の波や一定の規則性が表れ興味深い。ウェブサイトですべての作品を無料で鑑賞でき（二〇二〇年九月現在）、作品を見る順序も好きに選ぶことができる。そのため、一人ひとりが異なった「三六五日プロジェクト」を鑑賞することが可能となりえる。現在のインスタグラムなどＳＮＳで展開される映像文化との親和性も強い。ドイツのメディアアートで知られる研究・展示施設のＺＫＭでは二〇一四年、メディアインスタレーションのような形で展示された。

（吉田悠樹彦）

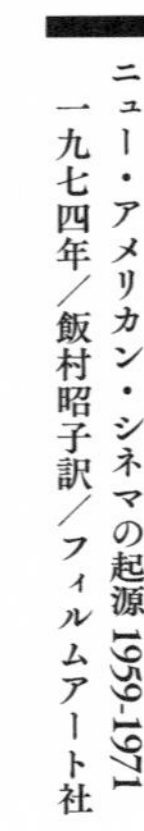

メカスの映画日記

ニュー・アメリカン・シネマの起源 1959-1971

一九七四年／飯村昭子訳／フィルムアート社

ジョナス・メカスは一九五八年、映画雑誌『ヴィレッジ・ヴォイス』に「ムービー・ジャーナル」の連載を開始し、およそ二〇年にわたって続けられる名物コラムとなった。本書は五九年から七一年までのメカスの寄稿をまとめたもので、実験映画・個人映画のバイブルとされている。

とはいえ、言及される同時代の作家としては、グレゴリー・マルコプロス、スタン・ブラッケージといった実験映画の系譜に位置づけられる監督たちももちろんだが、チャップリンに端を発したサイレント映画や、ハワード・ホークスなどの商業的なアメリカ映画、ジャン＝リュック・ゴダールなどのヌーヴェル・ヴァーグの映画まで言及は多岐にわたり、かつ、ジャンルの一般的な区別にしたがって、その語りの熱っぽさを緩めることはない。また、映画批評や映画教育のあり方にもその射程は伸び、縦横無尽に映画への思いが語られていく。

かつて、蓮實重彦が『シネマの記憶装置』において「メカスが前衛でありうるとしたら、一般に前衛的と見做されるもろもろの作品を顕揚し、みずからもまたそうした作品を撮っているからではなく、まさに、前衛と前衛ならざるものとの中間に凡庸な魂たちが捏造せずにはいられないあの虚構の境界線を、いたるところで曖昧にしてしまうからなのだ」と語ったように、本書に軸があるとすれば、あくまでも既成にとらわれずにまっさらな状態で映画を見つめなおそうとする、メカスの心性そのものであるだろう。

（若林 良）

メカスの難民日記

二〇一一年／飯村昭子訳／みすず書房

芸術家や批評家を志す人間がその力を蓄え、自身の表現を発芽させていく青年期の大部分を、ジョナス・メカスは「難民」として過ごした。その間に記された日記をまとめたのが本書で、大きくは、リトアニアからの出国（四四年）、ドイツ時代からアメリカへの出国（四九年まで）、ニューヨークでの生活（五五年まで）に分かれる。すなわち、メカスがアンダーグラウンドを牽引する存在となる以前の道のりが本書にはあらわれている。

とりわけ前半は目まぐるしい。弟とリトアニアからウィーンに向かうも失敗し、ハンブルク郊外のナチスの強制収容所で八ヶ月を過ごす。デンマークへ逃亡しようとするが、北独の農場でかくまわれ、そこで終戦を迎える。その後は四年にわたってドイツ国内の難民収容所を転々としながら、詩や文学への意識を深めていく。イスラエルへ向かうことも一時考えるが、やがてその意識はアメリカへと向かい、四九年一〇月、ニューヨークに到着する。想像を絶する辛苦の経験ではあるが、日記の節々からはメカス生来の明るさも感じられる。

それは、この日記のスタイルとも関係がある。メカスは一日の経験を時系列順に並べずに、彼の心に留まった特定の場面を断片的に記していく。つまり叙述ではなく、スケッチのような形であり、そのスケッチの中に詩や短い物語、心に起こった記憶などを織り交ぜていく。そこに、彼の映画のスタイルとの共通点を見出すこともできるだろう。

（井上二郎）

フローズン・フィルム・フレームズ 静止した映画

一九九七年／フォトプラネット編／木下哲夫訳／河出書房新社

アニエス・ベーが経営する画廊で開催された展覧会『静止した映画、祝福』のカタログに収録された内容の抜粋（六五年〜八一年までのいくつかの日記&インタビュー）、九一年と九六年にメカスが来日した際に行われた吉増剛造との対談（どちらも当時『すばる』に掲載）、のちに『メカスの難民日記』として発行される『I Had Nowhere to Go』の序文、計三章から構成される書籍。

『静止した映画、祝福』で公開された「フローズン・フィルム・フレームズ」と呼ばれる作品群は、元々Anthology Film Archivesの資金集めのために制作され始めたもので、メカスのフィルムから数コマを抜き出し、印刷画に焼き付けるというもの。

日本では九六年から九七年にかけて東京都写真美術館の『ジョナス・メカス作品展／静止した映画フィルム』展で紹介されたほか、ギャラリー・ときの忘れものが今も多くの作品を所蔵している。

（井戸沼紀美）

どこにもないところからの手紙

二〇〇五年／村田郁夫訳／書肆山田

一九九一年、リトアニアがソ連邦からの独立を果たしたのち、同国の『農民新聞』はメカスに執筆を依頼する。本書はメカスが、『農民新聞』に一九九四年から九五年まで寄稿した〈手紙〉に基づいており、一八通の〈手紙〉と二通の随筆から成り立っている。

内容は戦後の収容所生活からニューヨークでの生活、フルクサスの中心人物であったジョージ・マチューナスとの交流、チュルリョーニスやリトアニアの持つ文化の豊かさと、故国に住む人たちへの慈しみに満ちたメッセージなどが中心となる。

タイトルには旧約聖書でいう〝楽園からの手紙〟も含意されていると、翻訳の村田郁夫は述べる。すなわち、アダムとイブが追われた理想郷からの手紙という意味合いであり、メカスは理想郷を希求する立場から、しばしば文明社会に対する警鐘を口にする。そうした彼の根底にあるのは、「農民の子」であること、そしてその生活から根差した「文化は素足の下に存在する」という確信でもあるだろう。

（吉田悠樹彦）

ジョナス・メカス　ノート・対話・映画

二〇一二年／木下哲夫訳／せりか書房

日本で独自に編集された一冊で、訳者が三〇余年にわたる交流の過程で著者から受け取った「手紙やファックス、雑誌、写真集、映画の説明など」や、「メカスさんの〔日本〕旅行中に出会い、親しくなった人々に読んでもらおうと思い訳したもの」を集めた散文集。三部構成になっており、「ノート」には手紙と各所に寄せたエッセイが、「対話」には他の映画作家や批評家や学生とのやりとりが、「映画」には代表的な映像作品にそれぞれ一、二ページの短い解説を付したリストが収められている。

近しい人々との関わりのなかで手渡された親密な手紙の言葉があり、自らの半生や映画の技法を、はじめて出会う人に向けて平明にあかす言葉がある。巻末の映像作品のコメンタリー、年表、映像と著作のリストは、作品のすぐれた案内となっている。著者の考えや活動に触れる入り口となるのはもちろん、他の作品を読み、観て、また戻って開けば、いつも新たな気づきがあるだろう。図版多数。

（川野太郎）

ジョナス・メカス詩集

二〇一九年／村田郁夫訳／書肆山田

本書は一九九六年、言語学者である村田郁夫によって翻訳された『セメニシュケイの牧歌』『森の中で』を底本としている。メカスの死後五ヶ月後の二〇一九年六月に、熱烈なメカス支持者たちが結成した「メカス日本日記の会」協力のもと出版された。「セメニシュケイの牧歌」では、メカスの故郷リトアニアで親しんできた自然に対する想いが綴られ、まるでおとぎ話のような優しさと荒々しいまでに溢れる生命力とが共鳴している。「森の中で」では、戦争により人生を引き裂かれたメカスが一言一句欠けたピースを集めるように語っていく。

ここから／始まる、／広大な／森／と／荒野／が、／そして／暗闇／と／ただ／静寂／だけ／が／私を／待っている。（二〇一－二〇二頁）

針葉樹の森のように深いヨーロッパの闇に対する絶望の中に、それを静かに受け入れるメカスの決意が微かに響く。メカスとの交流の深かった詩人、吉増剛造の追悼詩も収録された充実の一冊。

（柴垣萌子）

あとがき

本書の企画が立ち上がったのは、二〇二〇年一月、ジョナス・メカスの死没から一年を迎えたころだった。発行所としてクレジットされている「neoneo編集室」とはドキュメンタリーの批評や作家へのインタビュー、ドキュメンタリー映画祭の企画などを行う、ドキュメンタリーの発信に特化した組織であり、小川紳介プロダクションで『1000年刻みの日時計 牧野村物語』などの小川作品のプロデュースに長年あたってきた伏屋博雄を中心に、二〇一二年三月に立ち上げられた。当初はWEBサイトと、年二回発行する紙雑誌の運営の二本柱で発足し、また二〇一八年からは、「東京ドキュメンタリー映画祭」と称した映画祭の運営を加えた三本柱での活動を行ってきた。

そして四本目の柱として浮かび上がったのが、「ドキュメンタリー叢書」の出版である。アイディアとしては、ドキュメンタリー史上で特筆すべき作家を取り上げ、さまざまな筆者からの寄稿をいただく論集として出版すること。では、具体的には誰を取り上げるのか。記念すべき第一弾として名の挙がった作家こそが、ジョナス・メカスであった。

しかしながら、メカスに決定するまでにいくらかの紆余曲折があったことも事実だ。編集者の知人に相談したかぎりでは、「後ろ向きすぎるのではないか」という指摘もあった。つまり、歴史的評価がすでに確立している作家ではなく、まだ批評の発掘する余地がある現役の、作品歴が更新される余地のまだある作家を取り上げてはどうか、ということだ。その言葉にも確かに一定の理はあるだろう。しかし私をふくめた編者には、むしろ「前向き」な感情から、メカスを取り上げたいという思いがあった。

おそらく、ここまで本書に目を通してきた読者であれば、私のこのような感情は理解できるのではないかと思う。たとえば巻頭の「ジョナス・メカス、魂の波動、根源の歌」と題された対談では、吉増剛造氏、井上春生氏に、メカスへ捧げられた現在制作中の映画を入口として、まさに現在だからこそ語られうるメカスの根源的な芸術のあり方をお話しいただいた。村山匡一郎氏の「ジョナス・メカスあるいは記憶・リズム・身体」における「個人映画は映画作家自身の身体に依拠して私性を全面に押し出すことが可能である」という記述は、「個人映画」の祖であるメカスに捧げられた言葉であるとともに、誰しもが自身の個を軸に映画を作れることの積極的な肯定、すなわち、すべての潜在的な作り手たちへのエールであることが読み取れるであろうし、また越後谷卓司氏の「「映画国」のエヴァンゲリスト　一九六〇〜九〇年代のメカス受容から」においては、ジャン・ルノワールが提唱した国籍・時代を問わない「映画国」という概念を軸として、「メカスの精神は二〇〇〇年以降の今も、確かに息づいている」ことを実感することができるだろう。あるいは、若手の映像作家として活躍する石原海氏の「アタシがジョナス・メカスだった夏」の一ヶ月の旅の過程に、メカスのうつしみを見い出すこともけっして困難なことではない。つまり、メカスについて思考することは、単に過去を懐かしむだけに留まらず、いまを生きる映画の作り手たちの中に、メカスの培ってきた技術、また精神が確かに息づいていることを再確認する作業であり、また今後の映画制作、また探究におけるたしかな礎ともなりえるはずだと私たちは考えていた。そして本が編みあがったいま、そうした考えはけっして間違いではなかった、と確信を持っている。

ただ、これはもちろん私たち自身の確信にすぎず、じっさいにメカスの残したものを本という形で継承することができたかについては、実際に読んでいただいたみなさまのご批判を乞うばかりである。

最後に、本書にご寄稿をいただいた執筆者のみなさんに心からの感謝を申し上げたい。とりわけ、井戸沼紀美さん、井上二郎さんのおふたりには感謝の念が尽きない。マイケル・キャスパーの論文に対するメカスの反論について、「メカスのインタビューをすべて採録する形でまとめたい」と打診をいただき、それから論考という形にしたほうがより伝わりやすくなるのではないか、と私どものほうで幾度にわたる、なかなかに身勝手な打診をさせていただいたが、それに根気強く付き合っていただいた。おふたりは以前からの友人ということもあってか、個人的にも叱咤激励をいただき、そこにも改めて感謝を申し上げたい。

最後の最後に、これは声を大にして言わなければならない。本書をジョナス・メカスに、心からの敬意とともに捧げる。

二〇二〇年一〇月　編者を代表して

若林 良

執筆者・編者略歴

飯村昭子（いいむら・あきこ）
一九六九年から五〇年ほどニューヨークに在住し現地で日本語隔週紙の編集長をつとめた。訳書に『メカスの映画日記』（フィルムアート社刊）、『メカスの難民日記』（みすず書房）。

飯村隆彦（いいむら・たかひこ）
個人映像作家。一九六〇年初期から制作を始めニューヨーク、ヨーロッパの映画祭に参加。ビデオアート部門でも活動した。著書に『芸術と非芸術の間』（一九七〇）、『ペーパー・フィルム』（一九九〇）、『ヨーコ・オノ』（一九八五）など。

石原 海（いしはら・うみ）
愛、ジェンダー、個人史と社会を主なテーマに制作をしている。初長編映画『ガーデンアパート』（テアトル新宿を皮切りに全国劇場公開）藝大の卒業制作『忘却の先駆者』がロッテルダム国際映画祭に選出(二〇一九)英BBCテレビ放映作品『狂気の管理人』(二〇一九）など。

井戸沼紀美（いどぬま・きみ）
一九九二年生まれ。会社員。これまでに企画した自主イベントに『ジョナス・メカスとその日々をみつめて』、『ジョナス・メカス写真展＋上映会』、『肌蹴る光線―あたらしい映画―』がある。

井上二郎（いのうえ・じろう）
一九九〇年生まれ。学生時代に「MIRAGE」という映画批評雑誌の編集に携わる。その後は会社勤めをしながら、時折、翻訳をしたり、neoneo の雑誌編集などに関わったりしている。

井上春生（いのうえ・はるお）
映画監督、脚本家、ＣＭ＆ＴＶプロデューサー＆ディレクター、全国劇場公開映画十四本。「幻を見るひと」（吉増剛造出演）監督国際映画祭十冠。「音符と昆布」（池脇千鶴・市川由衣主演）監督脚本、など。現在、吉増剛造がＮＹを訪れ、ジョナス・メカスを悼む映画『眩暈 Vertigo』を制作中。

越後谷卓司（えちごや・たかし）
一九六四年東京生まれ。八八年多摩美術大学卒業。九一年筑波大学大学院修了。同年から愛知県庁に勤務し、愛知芸術文化センター・文化情報センター学芸員を経て、二〇一四年より愛知県美術館主任学芸員（映像担当）。

金子 遊（かねこ・ゆう）
一九七四年生、批評家・映像作家。著書『映像の境域』でサントリー学芸賞〈芸術・文学部門〉受賞。他の著書に『混血列島論』(フィルアート社)、『悦楽のクリティシズム』（論創社）など。neoneo 編集委員。

川野太郎（かわの・たろう）
一九九〇年生まれ。翻訳家、リトルプレス『感光』発行人。訳書にボットナー／ヒューズ『ぼくのカメはどこ?』（岩崎書店）、ノーマン『ノーザン・ライツ』（みすず書房）など。その他の翻訳にジョナス・メカス「アレン・ギンズバーグへのノート」（「すばる」二〇一六年七月号）がある。

菊井崇史（きくい・たかし）
一九八三年生まれ。詩、評論、写真等を発表。書籍や美術館展覧会図録の編集・レイアウト等にもたずさわる。二〇一八年詩集『ゆきはての月日をわかつ伝書臨』、『遙かなる光郷ヘノ黙示』（共に書肆子午線）刊行。

木下哲夫（きのした・てつお）
翻訳家、一九五〇年生、京都大学経済学部卒。一九八二年にニューヨークでメカスと出会い一九八三、一九九一、一九九六年の来訪に通訳として同行。訳書に『メカスの友人日記』（晶文社）、『ジョナス・メカス ノート、対談、映画』（せりか書房）など。

齊藤路蘭（さいとう・ろらん）
一九九五年生まれ。映画研究。早稲田大学文学研究科演劇映像学コース修士課程在籍。現在はグレゴリー・マルコプロスに関する修士論文を執筆中。並行して映画制作や、自費出版による写真集制作なども続けている。

佐々木友輔（ささき・ゆうすけ）
一九八五年兵庫県生まれ。映画制作を中心に論考や脚本の執筆、展覧会や出版の企画など。東京藝術大学大学院美術研究科博士課程修了。現在、鳥取大学地域学部地域学科国際地域文化コース講師。近年の上映に『コールヒストリー』（イメージフォーラム、二〇一九年）、著作に『人間から遠く離れて――ザック・スナイダーと21紀映画の旅』（noirse との共著、トポフィル、二〇一七年）など。

柴垣萌子（しばがき・もえこ）
一九九四年生まれ。多摩美術大学在学中。小説・映画脚本・映画評の執筆に携わる。

正津勉（しょうづ・べん）
一九四五年、福井県生まれ。詩人、文筆家。詩集『子供の領分』『遊山譜』、評論『京都詩人傳』（ともにアートアンドクラフツ）、小説『河童芋銭』（河出書房新社）、新刊評伝『つげ義春「ガロ」時代』（作品社）他。

髙嶺剛（たかみね・ごう）
沖縄石垣島生まれ。日本復帰前に国費留学生として来た京都で、日本・アメリカの実験映画を見て強い影響を受ける。8ミリ作品に「サシングワー」（一九七三）、「オキナワン ドリーム ショー」（一九七四）。劇映画は「パラダイスビュー」（一九八五）、「ウンタマギルー」（一九八九）、「変魚路」（二〇一六）など。

原 將人（はら・まさと）

一九五〇年、東京生まれ。映画監督。麻布高校在学中に『おかしさに彩られた悲しみのバラード』を撮り、映画祭でタブル受賞、一躍注目された。代表作に『初国知所之天皇』（一九七三）、『百代の過客』（一九九三）、『20世紀ノスタルジア』（一九九七）、『MI・TA・RI』（二〇〇二）など。

村山匡一郎（むらやま・きょういちろう）

一九四七年生まれ。映画評論家。日本経済新聞や映画雑誌に映画評論などを寄稿する傍ら、日本大学芸術学部大学院非常勤講師、イメージフォーラム研究所講師を勤める。編著に『映画は世界を記録する』など。

吉田悠樹彦（よしだ・ゆきひこ）

一九七五年生。メディア研究、芸術学・芸術評論。レニ・リーフェンシュタールや戦前の映画検閲に関する著作がある。アルス・エレクトロニカデジタル・コミュニティ部門国際アドバイザー（二〇〇五〜〇九）。共著に『The Routledge Companion to Butoh Performance』（二〇一九）。neoneo 編集委員。

吉増剛造（よします・ごうぞう）

一九三九年生まれ。一九六四年、第一詩集『出発』を刊行。詩集、著書に『怪物君』『火ノ刺繡』等多数。多重露光写真や映像作品 *gozo Ciné* を発表。「声ノマ 全身詩人、吉増剛造」展、「涯テノ詩聲 詩人吉増剛造展」等大規模な展覧会が開催された。

若林良（わかばやし・りょう）

一九九〇年生まれ。映画批評／ライター。論考に「「障害」を見る私たち」（映画『ナイトクルージング』パンフレット所収）、「「現在進行形」の神代辰巳『女地獄 森は濡れた』を例に」（『ヱクリヲ Vol.5』所収）など。neoneo 編集委員。

綿貫不二夫（わたぬき・ふじお）

一九四五年群馬県生まれ。画廊勤務。毎日新聞社在籍中の一九七四年に現代版画センターを設立。同社倒産後、『資生堂ギャラリー七十五年史 1919-1994』『瑛九作品集』他の編集に携わる。一九九五年「ときの忘れもの」開設に参加。

写真・画像・イラスト 提供

カバー 飯村隆彦

本文 大森克己 鈴木志郎康 住本尚子

ジョナス・メカスは、現代映画における傑出した人物です。彼が生まれそのインスピレーションの源となったリトアニア、彼が人生のほとんどを過ごし前衛的な映画撮影術を生みだしたアメリカ、そして彼を魅了しまたその存在が広く知られた日本—メカスは3つの国を結んでいます。

アルギマンタス・ミセヴィチュス
公使参事官（駐日リトアニア共和国大使館）

Jonas Mekas is an outstanding figure of contemporary cinematography. He brings together three countries – Lithuania, where he was born and which was his source of inspiration, the United States, where he lived most of his life and where he created his avant-garde cinematography, and Japan, the country that fascinated him and where he is recognized and widely known.

Algimantas MISEVICIUS
(Minister Counsellor,Embassy of the Republic of Lithuania in Japan)

ドキュメンタリー叢書 #01
ジョナス・メカス論集　映像詩人の全貌

2020年11月5日　発行　　定価はカバーに表示しています

編　集　若林 良・吉田悠樹彦・金子 遊
編集協力
装　幀　菊井崇史
発行所　neoneo編集室
〒155-0031　東京都世田谷区北沢 4-4-8-2A
Tel　090-8108-7971
mail　neoneo.mag@gmail.com
http://webneo.org/

印刷·製本　株式会社 イニュニック

Printed in Japan
ISBN978-4-906960-12-5
落丁本・乱丁本はお取り替えいたします。